ヘーゲルから考える
私たちの居場所

山内廣隆 著

晃洋書房

目次

第2部　ヘーゲルにおける国家と宗教

第3部　ヘーゲル政治哲学の現代的意義

凡　例

・本書の理解を深めていただくために、第2部に四つの、そして第3部に二つの《ノート》を配置した。是非とも、利用していただきたい。
・引用文で翻訳があるものは、翻訳の頁数も表記することにした。ヘーゲルの原典からは、『精神現象学』は原文と訳文両方の頁数を記し、『法の哲学綱要』は節番号だけを付した。『法の哲学綱要』の訳は筆者自身によるものである。カントの『永遠平和のために』も、原文と訳文両方の頁数を記した。
・引用文中の（　）は、註などによる特記がないものはすべて筆者が付したものである。
・引用文中イタリック体、ゲシュペルト体などの強調体は、本書が必ずしも研究者を対象としたものではないので無視した。
・註は各部ごとに付した。

はじめに

「団塊の世代」の人たちが定年を迎え、長年勤めてきたそれぞれの職を離れつつある。私も二〇一三年三月定年退職を迎えたが、定年が間近に迫った正月、講演を依頼され引き受けた。その講演依頼には特別のテーマ指定はなく、こちらで決めていいというものであった。そのように言われると大抵テーマを決めるのに困ることになるのだが、定年前ということもあって意外にすんなりとテーマが浮かび上がってきた。「一体、いま私たちはどこにいるのだろうか」。ずっと私が胸に抱いていたテーマである。

でも一口に「私たち」と言っても、さまざまな「私たち」が考えられる。例えば、私は団塊世代としての私たちの一員であり、また日本人としての私たちの一員である。しかしながら、私はある世代に属する私である以前に、そして日本人としての私である以前に、人間であり、人類の一員である。したがって、私は定年退職直後の四月の講演では、「人類としての私たちは、一体どこに立っているのか」という問いを立て、この問いについて簡単な話をさせていただいた。

これを承けて本書においては、「人類としての私たちの居場所」について講演よりもさらに深く立ち入って考えてみたい。そうは言っても、私は「人類としての私たちの立ち位置」の輪郭を指摘することができるだけかもしれない。決して、私は現存する難問を解決する具体的処方箋を提示することなどできないであろう。だが、「私たちの立ち位置」、「私たちの居場所」を明らかにすることなしには、現存する難問に見通しを付けることなど不可能ではないだろうか。したがって本書では、「人類としての私たちの居場所」を、政治哲学的な視点に基づいて指し示してみることにしたい。

そこでこれを論じるに当たり、留意しておきたいことがある。それは私たちの歴史観である。現代の私たちを支配しているのは、仏教の教える末法思想のような歴史の下り坂理論ではなく、歴史の上り坂理論である。この理論は進歩史観と言われる。どんなに戦争が打ち続いても、どんなに戦争が悲惨なものになろうとも、またどんなに地球環境が破壊されても、そしてどんなに貧困による餓死者が増加しても、現代人はいまだに「いま」が「きのう」よりはよいと思っているし、「いま」より「あす」はより豊かに、より安楽になると信じているように見える。人間理性やそれに信頼を置く啓蒙思想に大いなる翳りを感じても、いまなお人間は進歩史観を手離せないでいるように見える。しかしそうは見えても、現代人は進歩史観が伴っている目的論的見方を必ずしも採用しているわけではない。二〇世紀に起こった二度の世界大戦や核兵器の登場、そしてなんと言っても地球環境問題の出現は、歴史が目的へ向かって進歩しているという楽観主義を許さないであろう。だから私たちが手離せないでいる進歩史観とは、おそらく現在が歴史の最先端であり、そのようなものとしての現代は過去の歴史の上に築かれているというほどの歴史観にすぎないのではないか。現代人は確かに進歩史観を手離せないでいるとはいえ、こうした見方が現代人の最大公約数的な歴史観であろう。現代は近代の現在である。近代を正しく理解することは、現代を正しく理解することにつながる。我々は「私たちの居場所」を近代の帰結として論じることになる。

そこでまず、「近代とは何か」が問題になる。第1部では、保守的な立場から鋭い近代性批判を展開する政治哲学者レオ・シュトラウスの思想を参考にしながら「近代とは何か」を考察し、近代の特質を明らかにしたい。第2部では、第1部を踏まえて、啓蒙思想とその最も華々しい成果であるフランス革命を取り上げる。というのも、フランス革命は周知のように近代に起こった最も衝撃的事件であり、近代の諸問題がここに凝縮されており、しかも現代に多大な影響を与えているからである。まず我々は、このフランス革命に対するヘーゲル（G. W. F. Hegel, 1770-1831）の解釈を明らかにする。[1]というのも、ヘーゲルのフランス革命解釈は、現代の諸問題を考えるとき、議論の出発点となる極めて重要な意義をもっているからである。次に、ヘーゲルはフランス革命解釈の視点を基に、「国家と宗教」の関係のあるべき姿を考察している。ヘーゲルのこの考察を明らかにする作業を通じて、我々は国家と宗教に関する現在における「私たちの居場所」を見出せるであろう。こういうことから、本書のタイトルを『ヘーゲルから考える私たちの居場所』とした。さらに第3部では、啓蒙思想の流れの中に位置づけられる、ドイツ啓蒙思想の代表者であるイマヌエル・カント（Immanuel Kant, 1724-1804）の平和論、国家論、国家連合論とヘーゲルのそれとを比較考察する。その際、EUや国際連合の在り方などに留意しながら論じることになる。我々はその作業を通じてヘーゲル政治哲学の現代的意義を明らかにすることになるが、それを通じて現在の「私たちの居場所」から私たちが進むべき方向を指し示すことができると考えている。

註

（1）ヘーゲルはフランス革命を歴史における進歩として評価しながらも、同時にフランス革命の過程を通じて露呈してくるジャコバン党のテロルに代表される近代の影の部分を鋭く剔抉し、さらにそこに現れ出ている矛盾対立を真に乗り超えようと努めた哲学者である。我々はヘーゲル哲学をそのようなものとして考えるから、基本的に以下に見られるユルゲン・ハーバーマスのような立場からは少し距離を置きたい。

ハーバーマスは「フランス革命に対するヘーゲルの批判」（Jürgen Habermas, Hegels Kritik der Französischen Revolution, in: *Theorie und Praxis. Sozialphilosophische Studien*. Frankfurt am Main, 1978. 1993, Suhrkamp. 日本語訳は以下のものを使用した。J・ハーバーマス『理論と実践　社会哲学論集』細谷貞雄訳、未来社、一九八〇年）という論文で、ヘーゲル哲学を「革命の哲学」として称揚するヨハヒム・リッターを批判しつつ、ヘーゲル哲学をいわば「反動の哲学」として位置付けている。

リッターが言うように、ヘーゲルは革命を自身の哲学の原理に高めたように見える。しかし、それはヘーゲルが革命から哲学を守ろうとして、ヘーゲル哲学体系のなかにフランス革命を包摂し、閉じ込めてしまったことに他ならないと、ハーバーマスは解釈するのである。「ヘーゲルが革命を祭るのは、革命を怖れているからである。ヘーゲルが革命を哲学の原理に高めるのは、哲学のままで革命を克服する哲学を願っているためである。ヘーゲルの革命哲学は、革命の批判としての彼の哲学なのである」（*Theorie und Praxis*, S.128. 訳一三〇頁）。ハーバーマスはヘーゲルのフランス革命解釈を、いわば「革命の形而上学化」として切って捨てる。

ヘーゲルは決してフランス革命を否定はしない。ただ、ヘーゲルは近代自然法が与える諸個人の抽象的自由が、フランス革命の中で否定的に働き、ジャコバンのテロルとして現れざるをえなかった事態から決して目をそらさない。しかも、ヘーゲルはそうした事態の思想的源泉をしっかりと見据え、その克服法を提唱するのである。「フランス革命において現れる近代性の危機を、いかにして乗り越えるか」をヘーゲルほど考え抜いた人はいない、というのが本書の基本的視点であり、リッターの視点でもある（リッターについては、以下を参照されたい。Joachim Ritter, Hegel und französische Revolution（1956）, in: *Metaphysik und Politik. Studien zu Aristoteles und Hegel*, Frankfurt am Main, 1977, Suhrkamp. 日本語訳は以下のものを使用した。ヨハヒム・リッター『ヘーゲルとフランス革命』出口純夫訳、理想社、昭和四一年、昭和五八年）。たとえ、ヘーゲルの提唱する克服法が、いかに反動的に見えるとしても、それがヘーゲルの近代性の危機に対する対処法だったのである。

以上のように、ヘーゲルは決して逃れることのできなかった歴史的大事件フランス革命に真正面から挑んだ。だから、ヘーゲル哲学はフランス革命解釈の哲学であると言っても過言ではないであろう。この観点をリッターは次のように語っている。「ヘーゲルの場合、時代との関係において、あるときは是認しあるときには非難するという形で問題を提示しながら、哲学の全使命がひたすら集中していく出来事は、フランス革命である。しかもヘーゲルの哲学のように、ひたすら革命の哲学であり、フランス革命の問題を中心的な核としている哲学は、他には一つもない」（Joachim Ritter, a.a.O., S.192. 訳一九頁）と。

第1部　近代とは何か
――レオ・シュトラウスの政治哲学における近代[1]――

第1章　〈レオ・シュトラウスの衝撃〉

二〇世紀後半、冷戦構造が崩壊し、ソ連を頂点とした社会主義圏が解体した後、文字通りアメリカは「帝国」として世界に君臨する。「帝国」としてのアメリカは、二〇〇三年三月一九日、ついに第二次イラク攻撃を始める。その約ひと月後の四月一五日、フランスのル・モンド紙は、このイラク攻撃の黒幕探しの記事を掲載した。「キリスト教ファンダメンタリズムと並んで、合衆国大統領の選択において本質的な役割を演じているネオコン（Neoconservative）は誰なのか」。キリスト教ファンダメンタリズムとは、アメリカ南部を中心に拡がっているプロテスタント原理主義のことであり、ブッシュ（子）政権下では法務長官ジョン・アシュクロフトがその代表として入閣している。そして、ブッシュ政権下のネオコンの代表者として国防副長官ポール・ウォルフォウィッツ（後に世界銀行総裁）が挙げられている。ル・モンドによると、ブッシュ（子）政権は、この二つの対立する流れの「意外なそして危険な思想的混合物（cocktail）」となる。

さて、ブッシュ（子）政権下のネオコンには国務次官補を務めたジョン・ボルトンなどもいるが、ネオコンの指導者として名前を挙げられたのが、アルバート・ウォルステッターとレオ・シュトラウス（Leo Strauss, 1899-1973）である。前者が核戦略などの戦略面でネオコンに影響を与えたのに対し、後者は思想的・哲学的面で影響を与えたとされる。前者がトロツキズムの流れを、後者が保守主義の流れをネオコンに注いでいるとも言われる。シュトラウスは『アメリカンマインドの終焉』の著者アラン・ブルームの師匠である。また、『歴史の終わり』の著者フランシス・フクヤマはブルームの弟子であり、政治哲学グループ「シュトラウス学派」の一員であった。つまり、シュトラウスは政治哲学上の一家を構える大立者ではある。しかし、ここで注目しておきたいのは、この報道を通じてレオ・シュトラウスが専門家集団ばかりでなく、一般人の間でも有名になったことである。「レオ・シュトラウスとは誰か」というレオ・シュトラウス探しが始まった。

レオ・シュトラウスは、環境哲学の基盤を築いた『責任という原理』の著者ハンス・ヨナスと同様に、そして全体主義を批判し続けた『全体主義の起源』の著者ハンナ・アーレントと同じく、ナチスを逃れてアメリカに亡命したドイツ系ユダヤ人である。彼の政治哲学は系統的には保守主義に分類される。しかし、現実の政治に関わったことがなく、しかも思想史のアカデミックな研究者であった彼が、何故に「ネオコン」の黒幕とされるのかはいまだにそれほど明確にはなっていない。二〇一二年夏に広島を訪れたアラン・ブルームの弟子でシカゴ大学教授であるネイサン・タルコフは、自分がネオコンであることを否定した。だが、ここはレオ・シュトラウスがネオコンとされる所以を追求する場所ではない。彼はアカデミックな思想史研究を通じて、彼独特の近代理解に達した。その近代理解には極めて鋭く深いものがある。以下では、彼の近代認識の概要を「近代性の三つの波[2]」という論文を通じて紹介しながら、「近代とは何か」を探っていきたい。

第2章　〈レオ・シュトラウスの近代解釈〉

1節　［近代性の第一の波――マキャベッリ――］

レオ・シュトラウスは、「近代とは何であるか」を知ろうとするなら、政治哲学上の変化を見ればよく理解できると語る。シュトラウスによれば、まず近代性の最初の波を作り出したのはマキャベッリ（Nicolo Machiavelli, 1469-1527）であった。彼の関心は「事実的実践的真理」に向けられていた。つまり、彼は、例えばプラトンの理想国家のような、決して存在することのない空想的国家共同体を政治の目的になどしなかった。むしろ、彼にとってはそのような「空想」（fancy）を抱くことが、現実の社会に平和を構築することを阻害しているように思われた。

「想像の世界より、具体的な真実を追究することの方が、私は役に立つと思う。これまで多くの人は、見たことも聞いたこともない共和国や君主国を想像のなかで描いてきた。しかし、人の実際の生き方と人間いかに生きるべきかということは、はなはだかけ離れている。だから人間いかに生きるべきかということのために、現に人の生きている実態を見落としてしまうような者は、自分を保持するどころかあっというまに破滅を思いしらされるのが落ちである。」（マキャベッリ『君主論』中央公論社「世界の名著」、一九六六年、一五章）

マキャベッリにとって重要であったのは、プラトンのように「人はいかに生きるべきか」という道徳的規範ではなく、実際に「人がどのように生きているか」という事実であった。人は「あるべき理想」を求める気高き存在であるかもしれないが、まさにそうであるが故に逆に人と争い、人を殺しもする。だが、現実の人間は理想などよりも日々の糧を求め、それを得ることで満足している。高邁な理想などは望まない。すなわち、マキャベッリにとって人間とは、欲望を満足させ、日々の暮らしの充実を願う存在であった。人間をその程度に貶めることによって、マキャベッリは人間の「照準」（sight）を低くした。

次に、マキャベッリはプラトンの『国家』においては、「最善の国家体制」は、実現されそうにない「哲学と政治権力の一致」に懸かっていると解釈する。しかも、その一致は、よい陶器がよい土に巡り合うことに懸かっているように、「素材のよさ」と「偶然」に懸かっている。このようなプラトンの考えの根本には、ある特殊な自然理解が横たわっているとされる。すなわち、あらゆる存在者は「完全性」という「目的」へ向かうように方向付けられており、しかもその基準を与えるのは「自然」

（ピュシス）であるという目的論的自然理解である。ここでは、目的は自然によって与えられるものであり、決して人間によって定められるものではない。従って、キリスト教において神的秩序に従うことが正義であるように、古代ギリシアにおいては自然の秩序に従うことが正義と考えられた。

マキャベッリはこのような哲学的伝統を拒絶する。最善の国家体制を構築するための最大の障害を、プラトンは「素材、材料」としての人間の「悪さ」にあると考えた。それ故、彼には「偶然」によってしか善き国家は形成しえないものであった。人間は自己自身を「作る」手立ても、社会を「作る」手がかりも自分自身のうちに持ってはいなかった。すべては人間の手の届かないところにあった。マキャベッリはこのような哲学的伝統を百八十度逆転させるのである。つまり、彼は「悪しき素材」は優れた政治家によって、「善き素材」へと変形可能であると考える。こうした転換によって、政治社会の形成が「人間の手」のうちに取り戻される。以上で見てきたマキャベッリの「近代性の第一の波」をシュトラウスは次のようにまとめている。

「(a) 目標が低められ、つまり目標がほとんどのものが実際に求めているものに合わせられ、(b) 偶然も征服されうるのであるから、政治的な問題が解決されることは請け合いである。政治的な問題は技術的な問題となる。」（「三つの波」、九頁）

この解釈にマキャベッリ政治哲学の本質が見事に表現されている。人間は目標を低く定めることによって、目標達成の可能性を自分の手に取り戻したのである。それは恐らく、人間から道徳的な問題を遠ざけ、欲望の満足という、人々が「実際に求めているもの」に照準を合わせたから可能になったのである。ここに政治は道徳的完成を目指すものではなく、人々が「空腹」に打ち震えることがない社会の実現を目指すものになったのである。

以上のようなマキャベッリ政治哲学の主張は、①まず自然科学革命となって現れる。自然科学革命とは「目的因」(final causes) の廃棄のことに他ならない。マキャベッリの主張を完成させるためには、このことが必要であった。古代ギリシアにおいては、自然はピュシス、すなわちコスモス（秩序）として一切を支配していた。だが、近代自然科学が自然を「数学」でもって理解するとき、自然は人間に論証されることによって存在するものへと変質することになる。なぜなら、自然が理性的存在になるのは、人間によって構成されることに基づくからである。こうして科学的「知は力」（フランシス・ベーコン Francis Bacon, 1561-1626）となる。すなわち、科学は「自然を征服する」、「人間の生活に役立つもの」となる。

次に、②マキャベッリの主張は彼以後の政治哲学によっても受け継がれていく。マキャベッリは悪徳の政治思想家と呼ばれ、邪悪なる者という烙印を押されていた。従って、マキャベッリの主張は当初から正当なものとして受け容れられたのではなかったのである。このような状況を一変させたのは、ホッブズ（Thomas Hobbes, 1588-1679）である。ホッブズは正義、すなわち「自然権」（natural right）をマキャベッリの精神において解釈し直す仕事に着手する。この結果、彼はマキャベッリの主張を「自己保存の法則」として定式化し、これを「自然法」(natural law) として理解した。これによって、マキャベッリの「目標を低くする」という法則が、いわば哲学的基礎付けを与えられ、正当なものとして認知されるようになった。シュトラウスはこの「自己保存の法則」には、すでにロックの自然権の要諦を成す「物質的自由の権利」と「快適に暮らす権利」が含まれていると言う。ここに「徳の完成」だけでなく、「普遍的裕福さ」や「平安」(peace) が人間的幸福の必要条件となった。

このようにマキャベッリの政治哲学は、自然科学革命とホッブズの自然法思想を通じて市民権を得るのである。シュトラウスは近代性を「世俗化された聖書信仰」と定式化している。これは「天上の生に期待するのではなく、純粋に人間的な方法で、地上に天国を打ち立てること」に他ならない。これこそ、マキャベッリが打ち出した近代が目指した方向であると言えるだろう。近代はまさしくこの道を歩むのである。

2節　「近代性の第二の波——ルソー——」

レオ・シュトラウスによれば、「近代性の第二の波」は、啓蒙思想の大立者ルソー (Jean Jacques Rousseau, 1712-1778) によってもたらされる。近代性の第一の波は「道徳と政治を単なる技術問題」に還元し、「自然を目的ではなく、征服されるべき対象」へと貶めた。ルソーはこのような近代性の第一の波がもたらした、「取引や金銭」のことしか語らない政治家や政治の堕落を厳しく批判はする。

しかしそれにも拘わらず、ルソーは「徳の古典的概念」を復活させることはできなかった。なぜなら、ルソーはホッブズ以来の「自然状態」（the state of nature）という近代的概念を引き継いでいたからである。

たしかにルソーは近代の政治思想家たちと同様に、「自然状態」を仮想する。しかし、もちろん周知のように、ホッブズが自然状態を戦争状態と考えたのに対して、ルソーにとって自然状態は最も理想的状態であり、楽園であった。このようにルソーは、たしかにホッブズとは異なるが、しかしホッブズと同様に自然状態から出発するのである。しかし、ルソーにとって、人間はやはりただちに自然状態から堕落せざるをえない存在であった。ルソーは決して自然状態を戦争状態とは考えなかったが、人の世は常に戦争状態であることに変わりはなかった。ルソーも、他の思想家たちと同様に「人間の発展のある段階で、人間は国家社会を設立しなければ自らを維持できなくなる」ことを認めざるをえなかった。しかし、そうであるとはいえ、ルソーは設立されるべき国家社会を決して最善なものと考えることはできなかった。ルソーにとっては、その国家社会がどんなに善い社会であっても、「束縛」の一つの形態であることに変わりはなかった。(3) ルソーは、ホッブズ達とは異なったこのような意味で「自然状態」を引き継いだのである。

そうであるとはいえ、国家社会の設立なしには、人間の「自己保存」は不可能であった。ルソーにとって、人間はもはや自然状態に帰れないとしても、できうる限りそれに近い国家社会を作らなければならなかった。では、国家とはいかにあるべきか。ルソーが考案したのは、すべての実定法がそれに則るべきである「一般意志」（the general will）という概念である。国家は「一般意志」に従って形成されるべきであると、ルソーは主張することになる。シュトラウスによれば、「一般意志」とは「存在している存在すべきもの」であり、そこで「存在」と「当為」が一致することになる意志である。ホッブズが自己保存的行為（例えば、食欲を満足させる行為）の正当性を、単に既存の秩序に訴えるのではなく、それが自然法に一致しているという理説によって正当化したように、ルソーも各人の行為が「一般意志」に一致するところに行為の正当性を見るのである。少し平板化するきらいはあるが、「一般意志」とは「みんながなしたいこと」を「みんながなすべきこと」とみなすところに成立する普遍的意志と言えよう。

とするならば、「一般意志」は何故に善であるのか。「一般意志」が善である保証はどこにあるのか。それは「自然」（ピュシス）から引き出されるのか。もっと根源的な何ものかから導来されるのか。そうではない。すなわち、シュトラウスの解釈によると、「一般意志」が善であることの保証は、意志の「一般性」にある。ルソーにおいてももはや、「人間の自然的本性は何か」という問いは無意味なものになってしまっているのである。「一般意志」が善であることは、決して想像された超越的な存在や「自然」から演繹されるのではなく、意志の一般性そのものにその根拠を持っているのである。少し極端な言い方をすれば、正しいか、正しくないかではなく、「みんながそのように思っているかどうか」が善悪の基準になるのである。この理説を徹底したのがカントであろう。カントが各人の立てる「格率」が「普遍的立法の原理となるように行為せよ」と語るとき、行為の善さを保証しているのは、「普遍性」（一般性）なのである（もちろん、こうしたカント解釈には異論も多いだろう）。我々はこの点において、「近代的人間理性」が古代ギリシアの「自然」がもっていた地位に取って代わっているのを見ることができる。

しかしながら、ルソーの思想の中にはドイツ観念論に継承されなかった別の要素があると、シュトラウスは主張する。それはルソーの、「人間は自由なものとして生まれたが、いたるところで鉄鎖に繋がれている」という有名な警句が含意しているものである。そこに含意されているものをシュトラウスは次のように理解している。

「自由な社会もそれ自体束縛なのである。人間は社会の中に自らの自由を見出すことができない。彼が己の自由を見出すのは、社会から自然へと回帰することによってである。たとえどんなに優れた正当な社会であっても、社会のなかに見出すのではない。」（同上、一四頁以下）

「自然へ帰れ」はあまりにも有名な言葉であるが、これを主張するときルソーの念頭にあったのは、「もう自然には帰れない」という思いであった。たとえ、一般意志に基づいて形成された正当な国家といえども、そこに暮らす住民は決して自由ではない。勿論、一般意志によって形成された国家は専制的国家からは区別されなければならない。しかし、自由ではないという点で、そして束縛を受けているという点で、両者は基本的に変わらないのである。人間は「生きる」ために、「生存する」ために国家社会を要請せざるをえなかった。しかし、それ以後の生は常に束縛と共にあることになる。自己保存を選択した生は、もはや生の真の喜びを捨ててしまったのである。諸個人が市民として生きることはもちろん有徳的ではある。しかし、それは決して真に善なるものではないのである。シュトラウスは社会状態と自然状態との間に「架橋することのできない深淵」を見ている。なにかしら「欠如」しているという感情が近代人の特性となる。

この感情をシュトラウスはゲーテの『ファウスト』を使って説明している。これを筆者流に解釈しなおせば、たとえ「神」に認められ、善人であると称えられても、「私」が「私」を善人と認めることができないのである。私自身が私を承認しない限り、私は私を求め続けなければならない。「欠如」の感情の消失するときまで。こうした結論に至るルソーの思想性は、ドイツ観念論には継承されなかったとシュトラウスは語るけれども、このような思想性を我々は、カントの後継者であるフィヒテの『全知識学の基礎』に認めることができるように思われる。フィヒテのこの著作の圧巻は「実践的知識学」の「努力」(Streben) 概念である。そこでは「自我」は、無限に努力しつづけなければならない活動として捉えられている。自我は無限の努力の結果、安住の地に到達し、そこで努力が報われ終息するのではない。無限な努力とは終わりのない努力である。休みなく働きつづけるということである。自我はこの働きなしには自我ではない。働くことのない自我は、存在しない自我である。(4) この自我は先に掲げた深淵を越えることができない。その意味で、フィヒテの自我は近代人の宿命を語っている（もっとも、後期のフィヒテがこのような人間論的立場に止まり続けたかどうかについては疑問が残る）。このような人間論的立場に立ち止まり耐えつづけることができなかったのがニーチェである。

3節［近代性の第三の波――ニーチェ、そして小括――］

ルソーが語ろうとした一面を少し誇張して言えば、もはや人間の問題をすべて社会の問題として解決することは不可能なことであり、さりとて自然に帰れない以上、真の幸福の可能性はもはや存在しないということであった。それを踏まえて、シュトラウスはニーチェが「近代性の第三の波」をもたらしたと考えている。ニーチェはルソーのこの予告を真正面から受け止め、歴史の終局において人間は「超人」(the Over-man) となるか、「末人(最後の人間)」(the Last-man) となるかの選択の岐路に立たされていると考えた。前者は失われてしまった「真の幸福」へ至る道であり、後者は現状のそここの幸福で満足する道である。末人とは「最も低俗な最も退化した人間、理想もなければ霊感もない蓄群のような人間、それでいて栄養が行き届き、よく着飾って、立派な家に住み、かかりつけの医者や精神科医によってよく見守られている人間」(同上、一九頁) のことである。近代初頭にマキャベッリが「寒空に空腹を抱え、腹を満たすために彷徨っている人間」、つまり現実の生身の人間を見据え、この状態からの脱却を新たな政治哲学の課題として立ててからおよそ五〇〇年が経過した。末人とは、マキャベッリの政治哲学が立てた課題が実現されている姿に他ならない。だが、その実現のためには、人間が理想を棄て「目標を低くする」ことによって目標達成を可能なものとなす政治哲学上の転換と、自然科学的転換によって人間が自然を征服の対象とし自然を支配下に置く必要があった。こうして、近代市民革命と、自然科学とテクネー（技術）の結合によって起こった産業革命による変革のプロセスを通じて、「低められた目標」は実現されたのである（もちろん、我々が、その代償を地球環境問題出現の内に容易に認めることができるとしても）。

これに対して、ニーチェによれば「超人」とは「力への意志」であり、弱き末人のように決して「平等」を志向するものではない。そうではなく、ニーチェは、他者を圧倒し他者を支配するところに人間の喜びと「真の幸福」がある、と考えた。ニーチェにとって、それこそが近代人が所有する「欠如の感覚」を克服する道であった。そうであるなら、人間は「真の幸福」を「末人」となりゆく歴史過程を超えていくことなしには実現できないであろう。ニーチェは人間性の奥の奥に、ルソーとは異なる意味で「ありのままの人間」を発見し、この「残虐な人間性」の実現を「超人」として描いたのである。ただ、このような文学的表現も政治的に捉え返されるとき、凄まじい結末をもたらした。

「ニーチェは、ルソーがジャコバン派に責任がないのと同様に、ファシズムに対して責任はない。しかし、このことは、ルソーがジャコバン派に責任があるのと同様に、ニーチェにもファシズムに対して責任があることを意味する。」（同上、二一〇頁）

シュトラウスはここで、「近代性の第三の波」の政治的意味が「ファシズム」の危険性(5)を含んでいることを明らかにしている。ファシズムは極めて狭義的に言えば、ムッソリーニ率いるイタリアのファシスト党の政治および政治思想を意味している。しかし、広義的には、ドイツのナチズム、日本の軍国主義、ソ連のスターリニズムを指示している。さらに、広義的に言えば、フランス革命末期のジャコバン独裁もファシズムに算入できるであろうと、シュトラウスは考えている。ナチスに追われてドイツを脱出せざるをえなかったシュトラウスから見れば、ナチズムは当然ファシズムであろう。こうして、人間らしさ（人間の弱さ）を克服するために歴史を雄々しく超えていこうとしたナチズムを、シュトラウスはニーチェの「超人思想」と結びつけるのである。

ニーチェの哲学を二〇世紀のファシズムと結びつけ、ニーチェにファシズム登場の思想的責任を帰すことに、我々はあまり抵抗感を抱かない。というのも、これまでこうした観点はしばしば論じられてきたし、受け入れられてきたからである。それはヘーゲルの全体を優先させる国家観がナチズムと結びつけられて理解されてきたように。しかし、ルソーとジャコバン派との関係が、ニーチェとファシズムとの関係と同一の関係として処理されるとき、そうした処理の仕方は標準的であるとはいえ、なんらかの違和感を感じる人がいるかもしれない。しかし、我々はこうしたルソー解釈こそ、レオ・シュトラウス政治哲学の真骨頂であると同時に、ある種の「傾向」であるとも考える。

我々はここでルソーが語ろうとしたもう一つ別の側面を、先述した第一の側面と同様に、少し誇張して語ろう。それは、人間理性に基づいて形成された「一般意志」は絶対的正義であるということ、しかも人間はこの意志に基づいて国家・社会を形成しなければならないということである。このようなルソーの一般意志による社会形成理論は、いかなる点でファシズムと結びつくのであろうか。それは多数者が絶対的正義を形成するという点にある。ここでは多数者であるということだけが、正義の根拠である。多数者が支持しているという名目で、正義としてジャコバン独裁、あのすさまじい殺戮は行われたのである。ただし、ルソーがこの社会理論を展開するとき、彼は決してジャコバン独裁のようなファッショを認めていたのではない（多分、ルソーは人間を文化による堕落から、可能な限り救いたかっただけであろう）。ニーチェが超人について語っているとき、彼は決してナチズムを肯定してはいなかっただろう（多分、ニーチェは文化による頽落から脱出したかっただけであろう）。しかし、超人思想はナチズムを内包していたのであり、ルソーの一般意志はジャコバン独裁を内包していたのである。このような意味で、ルソーはジャコバン派に責任があり、ニーチェはファシズム（ナチズム）に責任があると言える。

レオ・シュトラウスは、ルソーの一般意志による社会形成理論に、多数者による独裁の可能性を見た。人間が人間の内に正義を手にするときに発生する危険性を、シュトラウスはフランス革命のなかに直観したのである。フランス革命がもつこの否定的側面に最初に目を注いだのは、イギリスのエドムント・バークであった。さらに、フランス革命批判においてバークと戦線を共にし、なによりもフランス革命解釈において重要な役割を演じたのは、ドイツのヘーゲルであった。「保守思想」の誕生である。バークの批判がどちらかと言えば情緒的であったのに対し、ヘーゲルの批判は哲学的な精緻さを持って展開された。本書ではヘーゲル哲学を通して、この観点を深めていくことによって、「私たちの居場所」を明らかにしていきたい。

註

(1) この部分は拙著『環境の倫理学』(丸善出版、二〇〇三年)の第一〇章を基本にしているが、新たにしかも大幅に加筆、補正したものである。

(2) Leo Strauss, "*Three Waves of Modernity*", *An Introduction to Political Philosophy, Ten Essays by Leo Strauss*, ed. by H. Gildin, Wayne State U.P., Detroit, 1989. なお、この論文には以下の翻訳がある。「近代性の三つの波」『政治哲学』創刊号(石崎嘉彦訳、レオ・シュトラウス政治哲学研究会、二〇〇一年)三―二一頁。引用に際しては、「三つの波」と略記し、その後ろに翻訳の頁数だけを記した。

(3) レオ・シュトラウス『自然権と歴史』(塚崎智・石崎嘉彦訳、昭和堂、一九八八年)二六六頁参照。なお、より詳細なルソー論は、『自然権と歴史』のⅣ章「近代的自然権の危機」を参照されたい。

(4) フィヒテの自我論については、拙著『ヘーゲル哲学体系への胎動――フィヒテからヘーゲルへ――』(ナカニシヤ出版、二〇〇三年)の第二章を参照されたい。

(5) 本書では政治的ファシズムが展開されるが、地球環境問題が深刻化する現代にあっては、環境ファシズムの可能性も見逃してはならないことを指摘しておきたい。環境倫理学の一翼を形成するいわゆる「ディープ・エコロジー」は、「人間」よりも「自然」を優先的に思惟する「人間嫌い」を特質とするが、ここに環境ファシズムの危険性が潜伏しているということを忘れてはならないだろう。

第2部　ヘーゲルにおける国家と宗教[1]

第1章　〈政治哲学とは〉

「政治哲学」とは何なのか。意外なことに、政治哲学という用語が世間に認知されたのは、きわめて最近のことであるようだ。ドイツの政治哲学者ハインリッヒ・マイヤーによると、政治哲学という概念はプラトンやクセノフォンの書いたものの中には全く存在しない。わずかにアリストテレス『政治学』で一回だけ「政治哲学」という用語が出現するという。また、キケロの『政治哲学』のなかでは、わずかに「政治哲学者」について語られているにすぎない[2]。また、近代になっても「政治哲学」という用語の使用例は極めて少ない。例えばヘーゲルの場合、彼の政治哲学的著作である『法の哲学綱要』のタイトルを詳細に見ると、それは『法の哲学綱要あるいは自然法と国家学綱要』となっている。本来「政治哲学」が占めるべき場所に、「国家学」(Staatswissenschaft)が挿入されている。このことは、ヘーゲルが、人間の幸福や自己実現は国家においてのみ実現可能であると考えていたことを意味しているであろう。また、その意味でヘーゲルはギリシアのポリスを引き継いでいるのである。さらに、「自然法」という表現は、ヘーゲルの「法の哲学」が、人間の幸福や自己実現は国家においてのみ可能であることの根拠付けに関わることを意味していると考えられる。[3] いずれにしろ「政治哲学」という用語を積極的には使用しないこうした傾向は、最近まで続いているようである。ドイツでは長らくそうした学問領域は実践哲学と呼ばれてきた。以上のようにドイツでは「政治哲学」という名称は必ずしも一般的ではなかった。

他方、英米系ではホッブズ以来、「政治哲学」という用語はより汎用的に用いられてきた。ただし、ロールズやサンデルという現代政治哲学の旗手たちも、自分の学問領域を必ずしも積極的に政治哲学とは呼んでいないのではないか。もちろん、確かにロールズは三〇年に亘って「近代政治哲学」という科目を講義している。だが、ロールズは周知のように「正義」や「公正」を自分の研究対象として論じるが、そのような哲学を伝統的に「道徳哲学」とも考えていたのではないか。また、サンデルは正義やリベラリズムを論じる自分の哲学を「公共哲学」と考えているのではないか。しかしながら、現在ではアレント、テイラー、マッキンタイアー、ウォルツァーなどが一括して「政治哲学者」と呼ばれてもいる。「政治哲学」は、現在ではより一般化されて、国家・社会における政治的課題を哲学的に扱う領域として理解されている。

このような「政治哲学」という用語の普及は、二〇世紀中頃から、シカゴ大学で形成されたシュトラウス学派のなかで徐々に起こってきたようである。だが、学派の創始者レオ・シュトラウスが「政治哲学」を語るときは、彼なりの色彩を多分にもっていた。それではレオ・シュトラウス政治哲学が有するその特殊な色彩とはどのようなものなのか（我々は第1部の「近代性」解釈において、すでにその一端に触れておいた）。元々「政治的」（Political）という形容詞は、周知のように古代ギリシアの「共同体」を意味する言葉から派生したものである。それ故にPoliticalには「共同体」と共に「古典的」という意味が付着している。Politicalがもつこの二つの意味は、個人に対して共同体を優先し、共同体を根源的存在と捉える思想を共有しているので、当然共同体に対して個人を優先させる「近代的なもの」の対立概念である。シュトラウス学派が「政治哲学」という用語を使用するとき、それは「近代的なもの」および「利益社会」との対立を含意していた。これがレオ・シュトラウス政治哲学の特殊な色彩である。政治哲学のこうした規定は、自然科学の支配、哲学の認識論への後退、啓蒙的理性の礼賛、これらいわゆる近代性と対決するために提出されたものと言ってよい。それ故、シュトラウス政治哲学はそれを実行するために「古典的なもの」に還帰する方向へ舵を切ったのである。レオ・シュトラウスの政治哲学が保守主義と規定される所以である。

第1部で述べておいたように、レオ・シュトラウスは『近代性の三つの波』で、近代は人間の目標ないし「照準」を低めた、と語る。彼によると、マキャベッリこそ近代の方向を定めた人であった。マキャベッリはプラトンの描いた理想国家実現ではなく、人間的欲望の充足こそ政治の目標であるべきだと主張した。さらに、この目標はホッブズの手によって、人間の本性に適った「自然権」として確立されていった。このときから政治は「欲望充足」のための技術となり、政治哲学はその基礎づけと化す。こうなると、もはや「人間とは何か」や「善く生きるとは何か」など、人間の徳に関わってくる煩わしい問いを立てる必要はない。欲望が充足される度合いが、幸福の度合いとなったのであるから、政治はこの度合いを高めていく技術となってしまったのである。レオ・シュトラウスは、こうした「近代的なもの」に「古典的なもの」を対置する。古典的なものとは、まさしく哲学の源となったソクラテスの問い、「善く生きるとは何か」であった。したがって、この問いを近代においてもう一度問い直すことは、近代に古典的なものを復活させることに他ならないのである。だが、近代になって、哲学はこの問いを忘却することによって人間までも廃棄してしまったように見える。だからいまこそ、この問いが政治的実践の場面で問われなければならない。いやむしろ、蓄群となった大衆をもう一度、真に人間的地平に連れ戻すために、政治的実践の場面でこそ、この問いは有効性をもっているといってよい。つまり、哲学は「政治哲学」として初めて本来の哲学に戻ることができるのである。レオ・シュトラウスは、このように考えた。この点に、レオ・シュトラウスがネオコンの黒幕と呼ばれる理由があるのかもしれない。

しかし、本書はレオ・シュトラウス研究ではない。「政治哲学」というとき、それについてどのような概念が抱かれているのか、必ずしも明確ではない。そこで、政治哲学者レオ・シュトラウスを引き合いに出して考えてみた。我々にとっては、二〇世紀中頃から徐々に汎用的に使用され始めた「政治哲学」という用語が、その一部において、近代性批判と同時に、古典的なものへの復帰あるいは本来の哲学への回帰を含意していたことを確認できればそれで充分である。哲学史上、こうした近代性批判をテコに、自身の哲学体系を形成していった最初の人は、G・W・F・ヘーゲルであった（ヘーゲルの「政治」概念については、《ノート1：ヘーゲルにおける「政治」》を参照）。以下では、この方向でのヘーゲルの哲学的営みを、まずはヘーゲルのフランス革命解釈を明らかにし、次にその明らかとなった地平から、ヘーゲルにおける国家と宗教の関係を論じていきたい。

《ノート1：ヘーゲルにおける「政治」》

ここではヘーゲルが、彼の著作の中で実際に「政治」をどのようなものとして規定しているか、確認しておきたい。ヘーゲルは「政治」を二つの方向から語っている。①その一つは、「主観的実体性としての政治的心術（die politische Gesinnung）」であり、②もう一つは、「客観的実体性としての国家の有機的組織（der Organismus des Staats）」である。このように、ヘーゲルは「政治」を、①個人における場合と②国家全体における場合の二つの面から論じている。①は国家の一員たる諸個人が国家に関わる際の「心構え」のことである。Gesinnung は「心術」と訳される場合が多いが、「心構え」という程度の訳語が適切であろう。②は客観的なものとして存在している国家の政治的組織であり、立法権、統治権、君主権より成る。ヘーゲルにとって「政治」とは、一方で②立法権、統治権、君主権より成る国家機関が有機的に連携して行う統治作用であり、他方で①個人が行う国家への関わりを意味していた。ただし、個人の私的行い、例えば恋愛や友愛的交わり、商取引などは「政治」とは考えられていなかった（PdR., 二六八節を参照[4]）。

①について：ヘーゲルは、求められるべき「政治的心術」を「愛国心」（Patriotismus）と置き換える。しかし、ヘーゲルによると、愛国心は一般に理解されているような「異常な献身や行為への性向」ではない。ヘーゲルから見れば、そのような愛国心は、真実の根拠や客観的実在性を欠いた、ひとりよがりの「思い込み」にすぎない。政治的心術としての真の愛国心は、ヘーゲルによって次のように規定されている。「愛国心は本質的には、日常の状況や生活のなかで、共同体を（自分の）実体的基礎および目的として知ることを常とする心術である」（PdR., 二六八節）。したがって、愛国心はヘーゲルにあっては、国家を私の基礎であり、私が目指す目的として日常的に自覚している心構えということになろう。そういう心構えがあって初めて、国民は国家共同体のために力を尽くすことができるのであり、その心構えこそが「政治的心術」なのである。

ところで、愛国心というこの政治的心術も日常生活のなかでは失われがちである。夜道を歩いても安全なときには、安全であることが当たり前になって、なぜ安全であるのかを全く忘れてしまうように。夜道の安全は、実は国家がその権力を行使し、国家の諸制度を按配し、安全に配慮することによって成立している。市民生活の安全はこのようにして保たれているのである。しかし、ヘーゲルは国家的統一をそれでも権力の行使ではなく、「万人がもっている秩序（Ordnung）という根本感情」（同上）に置く。秩序を大切にする感情こそ、政治的心術の根本にあって、国家の安定をもたらすものと、ヘーゲルは考えている。ヘーゲルにとって忘れられてはならないもの、失われてはならないものは、この「秩序」の感情であった。

ヘーゲルにとって①の政治とは、諸国民がこの「秩序」の感情を心構えとして携えて、国家に参画することであった。保守思想家の面目躍如である。

②について：②は「国家の有機的組織」が行う政治である。この有機的組織とは、先述したように、立法権、統治権、君主権から構成される政治体制である。この体制は、ヘーゲル風に言えば「理念がその区別と、その区別の客観的実在性へと発展したものである」（PdR.、二六九節）ということになる。こうした表現がヘーゲル哲学の難解さの源であるが、これはひとまず次のように理解しておけばよいだろう。例えば、理念実現に向けて世界を形成していく「世界精神」なるものがあるとして、それは実際にはどこにあるかと言えば、個別的精神である私たち諸個人のなかに、理念としてある。そうした理念が現実化されて存在するようになったものが政治体制である。ヘーゲルはこの体制を「有機的組織」と呼ぶが、それは体制の諸制度が個々バラバラに独立しているのではなく、独立していながらも相互に分かちがたく連結されている状態にあるべきことを表現している。それぞれが独立していながら、「統一」（Einheit：一つであること）されており、一つでありながら各項が独立している体制組織のあり方を「有機的」と謂う。このことを、よく引用される箇所ではあるが、以下で引用しておこう。「この（統一）を理解するには、胃とその他の（身体）部分についての寓話がぴったりくる。もしすべての部分が統一へと移行しないのなら、また一部分だけが独立したものとして立てられるのなら、すべての部分が滅びなければならないということが、有機的組織の本性であろう」（同上、補遺）。人間の身体はすべての部分が他の臓器と違った働きをする独立した組織であるが、その臓器だけでは正常な活動は決して行いえないだろう。すべての臓器が連結し、相補いあって

活動して初めて健全な身体となるだろう。そうでなければ身体全体が消滅してしまうであろう。このように②における「政治」とは、有機的政治体制を構築することである。

第2章 〈『精神現象学』における啓蒙と宗教〉

1節 〔啓蒙の迷信との闘い〕

ここでは、『精神現象学』Ⅵ「精神」章、B「自己疎外的精神、教養」のⅡのa．「啓蒙の迷信との闘い」のなかで語られる「闘いの枠組み」をまず検討したい[5]。この部分はヘーゲルのフランス革命解釈の前提となる。

ヘーゲルは、「教養[6]」を積み、自己自身が絶対であることを知った近代人の合理的意識を「純粋透見」（die reine Einsicht[7]）と呼ぶ。純粋透見とは、啓蒙的理性のことに他ならない。純粋透見はすべての人に「理性的」であることを求める。純粋透見はすべての人に次のように呼びかける。「汝ら自身にとって、汝ら全ては汝ら自身に即してあるところのものであれ、――つまり理性的であれ」（PdG., S.292、訳八四六頁）と。理性的である純粋透見から見れば、「大衆」のもつ「信仰」（Glauben）は「迷信（Aberglauben）、予断、誤り」であり、「非理性的なもの」である。このように純粋透見＝啓蒙された意識にとって、信仰は「間違った洞察」であるが、それでも「意識の一般的あり方」として、大衆の間に無邪気に流布している。この間違った洞察を所有しているのはもともと「聖職者」であるが、ヘーゲルによればこの聖職者の「欺瞞の犠牲」になっているのが「大衆」ということになる。ヘーゲルは聖職者によるこの大衆支配を、「専制君主」による聖職者（教会）を通じての大衆支配という国家体制の枠組みのなかで捉えている。このようにヘーゲルは、「専制は現実の国（大衆）と理想の国（聖職者）の概念なき総合的統一」（PdG., S.294、訳八五〇頁）であるとして、絶対王政の支配構造を宗教との関係から明らかにしている。以上のことから、ヘーゲルが啓蒙を論じるときには、常に宗教（教会）を支配体制のなかに組み込んでいる絶対王政という国家体制が射程に入っていたと考えられる。だから、宗教と国家は切り離して考えることはできない。

このような基本的枠組みのなかで、ヘーゲルは「純粋透見」が行う啓蒙の対象はまずは「大衆」であり、けっして聖職者や専制君主ではないと考える。というのも、後者はそれ自体が純粋透見とは反対のもの、純粋透見に敵対する者であるから。それに対して、前者は基本的に騙されている人々であるから、啓蒙可能な存在ということになる。つまり、専制君主は聖職者を介して大衆を騙し、支配を貫徹することによって自己実現を図るのであるが、そうした悪しき意図を大衆に見抜かせようとするのが啓蒙であると、ヘーゲルは位置づけるのである。

ただし、この節は「啓蒙の迷信との闘い」というタイトルになってはいるが、大衆に対する啓蒙をヘーゲルは決して「闘い」（Kampf）が象徴するような激しいものとは考えていなかった。むしろ、大衆に対する啓蒙は、ヘーゲルにあっては、「静かな革命」と考えられていた。例えば、「純粋透見の（大衆への）伝達は、抵抗なき雰囲気のうちで芳香が静かに拡がり、普及すること」（PdG., S.295、訳八五二頁）であると、ヘーゲルは語っている。大衆への啓蒙がこのように静かな啓蒙であるのは、ヘーゲルによれば、大衆といえどもまだ自覚してはいないが、すでにキリスト教信仰の近代的レベルに到達しているからである。信仰の近代的レベルとは「神の世俗化」であるが、大衆はまだそれを自覚していないだけなのである（第２部第３章２節におけるヘーゲルの歴史観参照）。大衆の信仰はもうカトリックの説く教えでは満足しないレベルに達している。だから啓蒙は大衆を一押しするだけでよかったのである。

従って、啓蒙は信仰との闘いに勝利し、満足を得る。しかし、それは「みせかけ」にすぎない。啓蒙は信仰を次のように批判している。

「信仰の絶対実在は、眼をもってはいるが見ることのない石像、木像、――パン生地のようなものである。」（PdG., S.300、訳八六二頁以下）

啓蒙は信仰が石像や木像を神として信じているのを見て、信仰をとても貧しいものと考えている。このような啓蒙による信仰批判は、実は逆に啓蒙の信仰理解の貧しさ、さらには啓蒙自身の貧しさを物語っていると、ヘーゲルは考える。以下では、啓蒙の貧しさを、ヘーゲル実践哲学研究の泰斗ルートヴィヒ・ジープ（第２部の註（23）参照）の解釈を援用しながら確認しておきたい。ジープは啓蒙の貧しさの原因を「啓蒙は宗教的意識（不幸な意識）がすでに何を経験したかを知らない」（Siep1, S.199）[8]と語る。近代の信仰は、「不幸な意識」（神を憧憬し、神に近づくことを願いつつ、それを実現できない不幸な意識。『精神現象学』のⅣ「自己意識」章で論じられる）が絶望の果てにすでに経験したこと、つまり「絶対者（神）は自己を有限化し、自己自身を具体化する思惟であること」（同上）の経験の上に成立している。つまり、「神は人間の許にある」ことを知っているのである。だからこそ、近代の信仰には「有限なもの（人間、世の中）を永遠の相（神）の下に見て、自己自身を無限者（神）と合一させる」（同上）働きが存している。信仰は無意識のうちに「神の世俗化」を知っているのである。だがもちろん、信仰はこのような経験を自覚しているわけではない。しかし、近代の信仰はそういうレベルにある。

それに対して啓蒙は絶対の自己確信をもって神と世界、「絶対者と有限な意識、不変なものと変化する物とを分離し物象化する（verdinglichen）」（同上）。つまり、実は啓蒙は信仰より貧しいのである。啓蒙は神の世俗化を知らない。啓蒙は近代的信仰のレベルを理解していないのである。つまり、信仰は啓蒙が思うほど無知蒙昧ではないし、啓蒙は自分自身が思うほど理性的ではない。だが、信仰はおのれの拠って立つ地盤を自覚しているわけではないので、「それは迷信である」という啓蒙による痛烈な科学的批判に耐え切れず、啓蒙に敗れていく。それに対して、啓蒙はおのれの未熟さを知ることもなく、勝ち誇りますます傲慢になっていく。「啓蒙は満足している啓蒙であるが、信仰は不満足な啓蒙である」（PdG., S.310、訳八八五頁）。啓蒙は勝ち誇り傲慢になる。信仰は闘いに敗れて啓蒙につき従う。しかし、啓蒙は神がこの世に臨在していることを認めたがらない。あるいは「そんなことはありえない」と盲信している。傲慢となって現れるこうした啓蒙の未熟さが、フランス革命の悲惨を生み出す一因ともなる。

以上のような肥大化の過程を経て、啓蒙の悟性的（神と世界の統一を理解せず、神と世界を二元的に対立していると捉える人間の認識能力）性格は理神論（Deismus）と唯物論（Materialismus）となって現れてくる。ただし、啓蒙も統一を基本とするから、神と世界、彼岸と此岸、純粋思惟と純粋物質という両者の統一を求める。その統一が「有用性」（Nützlichkeit）の思想である。ヘーゲル『精神現象学』は、このように続いていく。

2節　［ヘーゲルのフランス革命解釈］

近代の政治哲学は、「フランス革命をどのように評価するか」ということを重要な分岐点として分別されるように思われる。例えば、カントやフィヒテはフランス革命を終生肯定的に高く評価していた。たとえ、フランス革命がジャコバン独裁からロベスピエール独裁へと進む中で、歴史上稀にみる恐怖政治を招いたとしても、フィヒテの『フランス革命論』に見られるように、その評価は若干揺らぎはしても基本的には変わらなかった。それに対して、フランス革命に狂喜して自由の樹を植えたと言われているヘーゲルは、やがて失望しその評価を変えていく[9]（ヘーゲルのフランス革命に対する賛同と失望という相反する感情については、《ノート2：ヘーゲルは本当に「自由の樹」を植えたのか？》を参照）。ヘーゲルにとってフランス革命をどのように捉えなおすかが大問題となり、やがてその評価は国家や宗教の捉えなおしにも繋がっていく。それを少し大げさに言えば、ヘーゲル哲学体系の構成にも大きな影響を与えることになるのである。以下では、フランス革命の経験がヘーゲルの国家観や宗教観にどのような影響を与えたのかについて考えてみたい（革命そのものに対するシニカルな視点については、《ノート３：和辻哲郎のフランス革命断想》を参照）。

ヘーゲルはⅡ「啓蒙」に次ぐⅢ「絶対的自由と恐怖」で、フランス革命を批判している。この章は言わばヘーゲルのフランス革命解釈であり、『精神現象学』を構成する重要な箇所の一つである。啓蒙的精神は「有用性」の思想の獲得によって、自分の意志が個別的意志でありながらも、普遍的意志であることを確信する。個別意志が普遍意志である。(10) ここでは当然のことながら、個人は理性的存在として、つまり「善きもの」として確信されている。そこでは自己（個別）を実現することは普遍・善きことを実現することなのである。「私」の意志は「みんな」の意志と一つであり、「みんな」の意志は善いものであるから、「私」の自己実現が無条件に認められる。これが「絶対的自由」の根拠であり、フランス革命を「破壊」と「死」に導いた原因である。迷信を無邪気に信じる無知なる「大衆」への芳香薫る「静かな革命」から始まった大衆への啓蒙運動は、血の匂いのする壮絶な権力闘争となる。

「絶対的自由」は、ルソーの直接民主制の思想の現れでもある。個別意志が普遍意志であるのだから、もはや法に従うことが重要なのではなく、「自ら法を与えること」が重要になってくる（PdG., S.319,

訳九〇四頁参照)。絶対的自由は「世界の玉座（Thron）に駆け上がり、いかなる権力もこの絶対的自由という実体に抵抗しえない」（PdG., S.317、訳九〇〇頁）のである。絶対的自由は一人歩きを始める。そして絶対的自由は真に自由な一人の人間（ロベスピエール）の権力的支配にまで上り詰める。それにしても、我々が知る限り、これ以上はないこの徹底的に他者を否定しさる凄惨な歴史的過程はなぜ食い止められなかったのだろうか。

ヘーゲルはフランス革命を批判するときに、ひょっとして大量殺人やテロルを批判しているように見えて、実は批判などしていないのではないか。むしろヘーゲルは、フランス革命を通して、人民の権利要求、人民の自由への渇望（光）は抑止できないこと、そしてさらに言えば、この渇望を満足させるプロセスは、精神的実体の自己実現の必然的過程であることを示そうとしたのではないか（Siep1. S.202参照）。そうだとしたら、ヘーゲルはフランス革命の悲劇的部分（闇）をも歴史的必然として受容していたと考えることができる。そうであるなら、一七八九年にフランスで起こったこと、一六八八年にイギリスで起こったこと、一七七六年にアメリカで起こったことは、すべてが食い止めることなどできない「歴史の抗しがたい力」であったのである。とりわけ、フランス革命は、それまで社会を支えてきた思考様式はもちろんのこと、人々の生活の基盤であり、人々がその上に乗っかっている家族、社会、国家（共同体）までをも破壊してしまった。

他方、ヘーゲルには同時に、近代市民革命の流れは必然の動きであり、なるほど押し止めることはできないとしても、破壊してはならないものまで破壊してしまったのではないかという疑念があったと思われる。つまり、ヘーゲルにはフランス革命は保守しなければならないものまで破壊してしまったのではないかという極めて強力な疑念があり、これが『精神現象学』でフランス革命に多くの頁が割かれた原因ではないかと考えられる。それは後年の『法の哲学綱要』における国家と宗教との関係についての取り扱い方から推測できるであろう（第2部第3章4節及び《ノート4》の「分離と共同」参照）。「フランス革命の歴史的必然性を理解しつつ、フランス革命は保守すべきものまで破壊した」というヘーゲルのフランス革命解釈は、後期ヘーゲルまで見通した私の「読み」でもある。

いずれにせよ、フランス革命の混乱はナポレオンの登場によって、落ち着きと安定を取り戻す。個別意志と普遍意志の統一であることを自覚している個々の理性的存在は、現実から自分のうちに帰ってくる。そして、自分の内で、個別意志と普遍意志の統一である自己の実現を図ろうとする。舞台はフランスからドイツへ移り、世の現実を変えて自己実現を図ろうとした革命的主体から、自己の理性に磨きをかけ、「本来あるべき」理性的存在になることを目指す道徳的主体へと変わる。ここに、カントの道徳哲学が論じられることになる。『精神現象学』の展開はこのように続いていく。

《ノート２：ヘーゲルは本当に「自由の樹」を植えたのか？》

本文で、ヘーゲルはフランス革命に狂喜して「自由の樹」を植えたと言われていると書いた。一般には、ヘーゲルはフランス革命を称賛して、シェリングやヘルダーリン達と共に、チュービンゲンの郊外に「自由の樹」を植えたとされている。これは、とてもありそうな話であるので、人口に膾炙《かいしゃ》している。しかし、最近のもっとも信頼のおける報告によると、そうではないようである。そのことを Walter Jaeschke（ヴァルター・イエシュケ）が伝えている（イエシュケはジープとともに Hegel Studien『ヘーゲル研究』の編集を行っていた。また、ボッフム大学にあるヘーゲル・アルヒーフの所長でもある）。該当する部分は以下の通りである。「ある他の報告によれば、革命的に高揚した神学校の学生たちは、バスチーユ襲撃記念日の一七九三年七月一四日に自由の樹を植えることになっていた。だが、当時ヘーゲルはすでにチュービンゲンを離れていた」（Walter Jaeschke, *Hegel Handbuch Leben - Werk - Wirkung*, J. B. Metzler, Stuttgart・Weimar, 2003, S.7）。つまり、チュービンゲンにいないヘーゲルが、自由の樹を植えるわけがないのである。またさらにイエシュケはチュービンゲン時代の「フランス革命や革命の結果生じる方向に対するヘーゲルの立場を伝える同時代人の報告は、ヘルダーリンのもの以外はない」（同上）として、たった一人の報告にすぎないものを、正しいものとして普遍化することの危険を指摘している。

イエシュケによると、「ベルン時代（一七九三―一九六年）になって初めて、チュービンゲンではまだなにかぼんやりしていたヘーゲルのフランス革命に対する立場がはっきりと理解できるようになる」（同上、S.10）。彼はヘーゲルのフランス革命に対する立場を次のように伝えている。「革命の理想に対する賛同と、その経過に対する失望という同時代人にとって総じて特徴的な相反する理解が、ヘーゲルにとってもずっと残っていた」（同上）と。イエシュケは、このヘーゲルのフランス革命に対する二律背反する感情を、ドイツロマン派の詩人、クロップシュトックの詩を使って表現している（実際、この詩をヘーゲルは後年「美学講義」で引用している）。クロップシュトックは、ゲーテの『若きヴェルテルの悩み』において、虹を象徴する詩人として登場するが、彼はドイツ観念論においてカントを批判的に継承した大哲学者であるフィヒテの妻となるヨハンナ・ラーンの母方の伯父でもある。

以上の、ヘーゲルにおけるフランス革命に対する二律背反する理解の仕方は、本書の基調にもなっている。

《ノート3：和辻哲郎のフランス革命断想》

和辻哲郎の著作『日本精神史研究』（岩波書店、大正一五年、昭和四六年）のなかに、「推古時代における仏教受容の仕方について」という短い論文がある。この論文は関東大震災以前（大正一一年）に雑誌「思想」に掲載された古い論文である。日本人の最初期の仏教受容を論じたこの論文の中で、和辻が唐突にフランス革命に触れるところがある。そこでことさらにフランス革命を取り上げ、論じる必然性はないように思われる。しかし、そこで唐突に取り上げるところに和辻の本音が披瀝されているのではないか。そう考えて、ここでこの小論に触れておきたい。

和辻のこの論文の本旨は、推古時代の日本人が仏教をどのような仕方で受容したかを論じるところにある。一般に、日本人は仏教を「現世利益のため」や「祈祷教」として、すなわち極めて浅薄な仕方で受容したと言われている。和辻はそういう評価を一応認めてはいるが、そのような理解だけでは浅薄すぎると言う。和辻によると、日本人は日本人の心でもって仏教を受容した。では、日本人、および日本人の心とはいかなるものか。それは、和辻によると、『古事記』に現れている現世を天真爛漫に楽しむ「自然児」としての日本人であり、その心であった。しかし、まさしくそうであるがゆえに、上代の日本人は現代人以上に、理不尽に忍び寄ってくる「死」の陰に異常なくらい怯え、おののき、不安と頼りなさのなかで生きていた。上代日本人は、こうした「現世の不幸の根拠」を「現実の人生の不完全」として見出したと和辻は語り、そしてそこで唐突に「現世の不幸」は現世の制度的変革だけではどうにもならないということを語るために、フランス革命を持ち出す。次に引用しよう。

「現代の人々の多くはそれを制度の不完全あるいは特権階級の罪として感ずる。それは一部分真実である。しかし不幸の根拠がここにあると感ずるのは誇張である。フランス革命の時にはこれらの原因を王より初めてさまざまの制度や階級から取り除いてみた。しかし結局根拠はそれらのどこにもなかった。」（『日本精神史研究』、岩波書店、昭和四六年、三五頁）

啓蒙の時代を通り抜け、社会的意識と人権感覚を身に付けた現代人は、世の不幸を制度的不完全性のなかに見出し、これを変革することによって不幸はなくなると考える。社会を変革し、自分たちを苦しめている恵まれた為政者たちを退治さえすれば、理想社会が実現され、苦すらなくなる。そのような思想性をもって引き起こされたのが、まさしくフランス革命であったと、和辻は語っているのである。しかし、結果はそうではなかった。人間的苦は制度的に解消されるような軽いものではない。そもそも人間的苦とは、革命などで癒されるようなものではなく、宗教的な救いによって初めて癒される類のものなのである。和辻のこのようなフランス革命解釈、および評価は確かに一面の真実をついており、ヘーゲルのフランス革命解釈とも深いところでつながっていると思われる。この点については、第2部第4章3節「フランス革命再考」で後述することにしたい。ここでもう一言付加しておきたい。私はこの和辻の挿入文のなかに、彼の慧眼を見るが、それと同時に精神の伝道師和辻哲郎の社会嫌い、社会主義嫌いを感じずにはおられない。革命による、より善き社会の建設は、人間の抱える諸問題の完全な解決には至らないとしても、制度上の理不尽な苦しみから抜け出すための、より善き一歩にはなりうるということに、和辻はどれほど思い至っていたのだろうか。つまり、革命によって理想社会は作れないとしても、以前よりはましな社会は形成可能であるということに。そういう問題は残る。

さて、上代の日本人は現世の不完全に対処するために、仏教を導入した。和辻は、日本人にとっては現世がすべてであり、現世は不完全ではあっても、決して悪ではなかったと語る。日本人は天真爛漫に現世を楽しんだ。それなのに現世に死は必然であった。死だけはどうすることもできなかった。だから、日本人にも確実に「死なき国」への憧憬があった。和辻によると、推古時代は自然崇拝に基づく「祓い」や、例えば熱湯に手を突っ込んで吉凶を占う「探湯」（くかたち）もその魔力を失いつつある時代であった。そこには、仏教が入り込む余地ができ上がっていた。こうした状況の中で、上代日本人は、「死なき国」への憧憬を仏像に託すという仕方で仏教を導入した。この意味では、上代日本人の仏教導入は、現世利益的、功利的であり、「仏教の理解としては浅薄」（同上、三九頁）である。しかしともかくも日本人は、死後の世界を「保証する」（同上）ものとして仏とその像を導入したと、和辻は伝えている。

だが、日本人は自分たちの心の歩みに従って、素直に仏教を導入したと、和辻は評価する。現世重視の日本人にとって、「彼岸」は「解脱」して赴く場所などではなく、そこにこそ真実の生活がある「死後の世界」であった。まだ、多くの日本人にとって「彼岸」は、仏教の理論を修め、修行を重ねて赴く場所ではなかったのである。上代の日本人は、「解脱」して「彼岸」に至るというような、そういう上等な精神性をまだ持ち合わせてはいなかったと言えるだろう。だから、死後の世界の安楽を願い、それを叶えてくれるものとして仏教に帰依し、ただただ仏像に死後の世界を託したのである。こうした純真な心で作られたからこそ、「法隆寺の建築、夢殿観音、百済観音、中宮寺観音」（同上）などは真に素晴らしい作品となることができたと、和辻は締めくくっている。

第3章〈『法の哲学綱要』における国家と宗教〉

『精神現象学』においてヘーゲルのカント批判を論じるのであれば、一般的には次のC「自己自身を確信する精神、道徳性」でなされるヘーゲルによるカントの個人道徳批判を展開すべきであろう。しかし、ここではヘーゲル政治哲学で展開される国家と宗教の関係に着目したいので、本書ではその道は採らない。ただ一点だけ確認しておきたい。先述したフランス革命の「光」の部分は、ヘーゲルが「近代市民社会」(Gesellschaft)の必然性を認めるという形で実現される。同時にそれが革命の「闇」の部分を伴うということは、ヘーゲル政治哲学にあっては「近代市民社会」は「国家」へと止揚されなければならないということへと導く。「止揚」(Aufheben)とは、周知のように「保存する」という意味と「廃棄する」という意味をもっている。だから、「市民社会の国家への止揚」とは、市民社会の善い部分を保持し残しつつ、悪い部分は捨て去り、それによってよりよき社会としての国家へと社会を「高める」ということになる。このことは全くの周知のことではあるが、これを確認して本論に入ろう。

1節　［ベッケンフェルデのテーゼ］

まずは、ドイツの優れた政治哲学者ベッケンフェルデ（Ernst-Wolfgang Böckenförde）の有名なテーゼから始めよう。彼は二〇〇七年に小著『世俗化された国家』[11]を出版し、その中で自身が一九六四年に初めて提出したテーゼを再度取り上げている。そのテーゼとは「世俗化された自由国家は、その国家自身が保証することができない諸前提によって生きている」[12]というもので、このテーゼをジープは「この主張は、国家が必要とするような前国家的あるいは倫理的、宗教的な基礎付けや動機付けへの問いとして、人々の心をいまでも動かしている」[13]（Siep2, S.93、訳一六一頁）と評価している。ベッケンフェルデのテーゼは提出されて五〇年近くになる。この間、このテーゼはさまざまに変奏されてきた。ジープによると、近年ベッケンフェルデは「国家のエートス」を「遵法性（Gesetzesloyalität）」であると語っている（同上）。「世俗化された自由国家」＝「民主主義国家」は、必ずしも特定の世界観をもつものではないが、法形成過程に積極的に参加し、そうして形成された法を遵守する同質の道徳的個人の存在を前提とする。しかし、「個人個人が法律を遵守する際の動機とその動機に与える基礎付けは、国家によって強制されることはできない」[14]。ここにジレンマがある。もちろん、国家は教育を通じて国家の原理を教えたり、国家の諸施策、諸制度を通じて国家のありがたみを感じさせることによって、間接的に影響を与えることはできる（Siep3、同上）。しかし、このような利己的、功利的基礎づけは基礎付けとは見做されない。ベッケンフェルデもジープも「倫理的、宗教的基礎付け」しか基礎付けとして認めていない。とするならば、倫理的・学問的基礎付けと並んで宗教的基礎付けは、究極の基礎付けと見做されている。ベッケンフェルデは、宗教が民主主義国家における「遵法性」の基礎付けの一翼を担うことを期待しているし、それを是認もしている。それに対して、ジープは宗教的基礎付けを排して、人間理性に基づく倫理的・学問的基礎付けを追求している。ヘーゲルは、宗教よりも哲学に高い基礎付けの資格を与えつつ、宗教にも哲学に次ぐ資格を認めるであろう。

2節　［ヘーゲルにおける国家と宗教の基本的関係］

周知のことであるが、ヘーゲル『法の哲学綱要』の最終部分は「世界史」である。なぜ、「法の哲学」の最後に「世界史」が配置されているのかと言えば、法や社会や国家のあり方は歴史のなかで発展してきたという歴史観をヘーゲルがもっているからである。その歴史における発展において、重要な鍵になるのが、国家と宗教との関係である。ここでは国家と宗教の密接な対応関係が語られている。例えば、「調和」や「統一」を本質とするギリシアの民族宗教には、ポリスという「自由で透明な人倫」（PdR., 三五六節）が対応している。また、「家父長制的な自然的全体から出発し、自己のうちで分離をもたない実体的世界観（が支配している）」（PdR., 三五五節）「オリエント」（das orientalische Reich）では、「国家体制や立法は同時に宗教」（同上）となり、「神政政治」（Theokratie）が支配する国家体制が成立する

（ヘーゲルは国家と宗教が分離することなく一つになっているオリエント的国家体制を、そこには自由のかけらも見出せないから、歴史以前の段階であるとして酷評し、歴史から除外している。本章３節(iii)も参照。もちろんオリエント地域には、現在でも国家と宗教が一つになった国家が存在している）。

ところで、ヘーゲルによると、歴史的発展の第一段階は調和を本質とするギリシア世界であるが、それに続くローマ世界は分裂と対立の上に成立している。その次にやってくるゲルマン世界は、「北方の原理」（das nordische Prinzip）を基礎に置く[15]（ヘーゲルは、古代、中世、近代という一般に流布された歴史観を採らない。ヘーゲルにおいては、歴史はギリシア世界、ローマ世界、ゲルマン世界と発展し、その頂点であるプロシャ国家で歴史は終わるとされる。ゲルマン世界とは、いわゆる中世から始まるキリスト教世界である）。この北方の原理はローマ世界とは異なる「神的本性と人間的本性との統一の原理」（PdR., 三五八節）であるとされる。ヘーゲルによれば、この原理はゲルマン世界（キリスト教世界）においては、すでに私たち一人ひとりの「主観性」の内にある。だから、ゲルマン世界においては、神と人間、彼岸と此岸の統一が目指される。

「この原理は、信仰や愛や希望として感情のなかに存在している、（そうであるが故に）まだまだ抽象的なすべての対立を和解させ解消させる原理なのである。」（PdR., 三五九節）

統一や「和解」（Versöhnung）を目指す心は、信仰や愛や希望として私たち（主観性）の内にあり、これら内にあるものが働いて、現実の中に残っている対立を解消していくのである。そのプロセスをヘーゲルは次のように語る。

「それ（感情の内にあるもの）を現実的なものおよび自覚された理性的なものへと高める、すなわち自由人の心情、信頼、協同を根底に置く世俗の国へ高める。」（同上）

従って、この世俗の国は基本的には宗教的な主観的心情が具体化され、「法」として現実化された国であり、自由や信頼や協同を基に形成された国家である。だから、ヘーゲルの国家は「キリスト教国家」である。国家の法や制度の内に否応なくキリスト教の内容が入り込んでいることは疑えない。ヘーゲル哲学にあっては、国家と宗教は対応している。これがヘーゲルにおける宗教と国家の基本的関係である。

最後に、「人間が平等であるという教説」、「人間は自由に自分の良心の確信に基づいて行為できるという教説」、「すべての人の幸福を協同で配慮するという教説」、これらキリスト教の原理から発生してくる教説が法制化されているのが現在の西側先進国であるということも付け加えておこう。そして、これらの教説は、第3部で扱われるEU加盟要件に沿ったものであると言えよう。

3節　〔『法の哲学綱要』二七〇節における国家と宗教(16)〕

ヘーゲルは『精神現象学』では、宗教を専制的支配体制の一翼を担うものとして位置付けていた。このような位置づけが後年の『法の哲学綱要』ではどのように変化していくのかに着目しながら、その二七〇節（全節のなかで最長節）を中心に見ていきたい。

(i)〔宗教は国家の基礎にすぎない〕

先述の国家と宗教との対応的関係を認めるならば、「宗教は国家の基礎（Grundlage）である」と考えられる。なるほど、宗教は圧政や動乱が招く混乱と悲惨の時代にあって、人々の心を慰め勇気づけ希望を与える気高い働きである。しかし、宗教は『精神現象学』の「啓蒙」において批判されていたように、絶対王政においては国家の先兵となって、人々を迷信の奴隷にすることもあった。また、宗教によっては、人間を動物以下に扱ったりすることもある。なのに、「宗教が国家の基礎である」とはいかなる意味においてなのか。

「国家と法、並びに諸義務は、意識に対して、こうした神との関係において、最高の確証と最高の拘束力とを獲得する。（中略）宗教は不変者と最高の自由と解放の意識を授ける場を含み持っているのである。」

ここでヘーゲルは国家と法が、各人にとって、正当なものとなる源泉は、「神」であると語っている。宗教は絶対者＝神への関係である。言わば、我々は宗教の説く絶対的不変者への信仰のもとで国法への絶対的信頼を確信でき、それに則って行為できるというのである（国政の基礎づけを宗教に期待するベッケンフェルデは、ヘーゲルのこうした見解に賛同するであろうが、ジープは消極的であるだろう）。このような意味で、「宗教は国家の基礎である」。しかし、ヘーゲルは即座に「同時に、宗教の本質は基礎であるにすぎない（nur）」と畳み掛ける。

「国家は、現実的形態とひとつの世界の有機的組織へと自己を展開する現在的精神として、神的意志である。」

我々は第3部で、カントの国家連合論を非難するヘーゲルの国家観のなかに、現に存在する自立的国家を「神的存在」とみなす思想があることを指摘するであろう（勿論、このような国家観は、ジープも指摘しているように、現在では認められるものではない）[17]。引用文にあるように、国家はヘーゲルにとって、「神的意志の現在における現れ」であり、決して宗教（教会）の下にあるような存在ではなかった。ヘーゲルはこのように宗教（教会）に対する国家の優位を打ち出し、宗教の国家に対する優位性を主張する人々への反論を開始する。

宗教にとどまり、宗教の純粋さを保持しようとする人たちがいる。ヘーゲルの頭の中には、哲学者シュライエルマッハー、キリスト教の宗派で言えば、クエーカー教徒や再洗礼派、そしてユダヤ人たちがあった。[18] こういった人たちにとっては、宗教における絶対者への関係だけが意義あるものであり、それ以外のもの、つまり現実的なものは「偶然的なもの、消失するもの」でしかなかった。そうすると、彼らにとっては、国家といえども偶然的なものでしかなくなる。彼らにとっては、客観的となった神的意志である国家といえども、偶然的で否定的なものとなる。どうも宗教には現実に対する侮蔑がある。そういった心情が主観の中で空回りし、時として宗教的ファナティシズムとして現れることもある。こうしたことは、信仰という宗教的信念を至上のものとする宗教には必然的に付随している。だから「宗教は国家の基礎にすぎない」。

「主を探し求め、自分の教養形成されていない臆見のなかに一切を直接的に所有していると断言したり、自分の主観性を真理の認識と、客観的となった法と義務の知へと高める労働を自らに課さない人たちからは、一切の人倫的関係破壊、愚行と非道だけが出てくる。」

ヘーゲルはここで主観的な宗教的心情（宗教）の不十分さを明確に主張していると同時に、客観的となった法の理性的認識＝哲学の宗教に対する優位性を説いている。宗教は神との関係の中で、主観の心情の中に入ってくる。そしてこの現実の中で善く生きることを、神との関係の中で教える。だから宗教は「国家の基礎」である。しかし、宗教は主観的心情が拠り所である。主観が真理のありかであり、客観＝国家はそうではない。従って時には、国家を破壊する行動に走ることもある。だから、「宗教は国家の基礎にすぎない」。国家の真の基礎は、国家の意義を歴史的過程のなかで認識する「哲学」ということになる。

(ii)〔国家と教会〕

啓蒙的理性は、一切のものを破壊した。それに対して、ヘーゲルは教会を「破壊されてはならないもの」、それを欠いたら国家の存立すら脅かされることになる「保守されるべき」ものと考えている。ヘーゲルにとって、国家と教会（ヘーゲルは「教団」（Kirchengemeinde）と言う場合もある。ところで、「国家と教会の分離」と「国家と宗教の分離」とは、当然異なっている。なぜなら、「教会」とはキリスト教教会であり、「宗教」とはキリスト教を含むあらゆる宗教を意味しているからである。しかし、本書では両者を意識的には区別しない。なぜなら、ヨーロッパにおいては、基本的に宗教と言えばキリスト教のことだからである。ただし、現代のような多元社会においては、明確に区別するべきであろう）は基本的には否定し合う関係ではなく、相補いあう関係である。宗教は後述するように（本節(iii)）内面的心術の側面から国家的統合を支える。国家はそうした教会を経済的側面から支えると同時に、教会を通じて国民の統合を図る。このように国家と宗教の関係は基本的に相補的である。

しかし、ヘーゲルが「野蛮な時代」と呼ぶ、カトリック教会の支配した中世ヨーロッパのように、宗教による一元支配を目論む動きもある。ヘーゲルはこのような動きを宗教の「思い上がり」と呼び、その動きを諌めてもいるが、こうした動きの可能性をカトリック教会の内に見ている。ヘーゲルにとっては、このような思い上がりは、一つの誤った国家像を伴っていた。

「国家は自己の使命を、それが他者の生命、財産、恣意を損なわない限りにおける、各自の生命、財産、恣意の保護と保全の内にだけもつ。だから、国家はそのために必要であるから形成されたものとしてしか考察されないのである。」

ここでは国家は、国民の生命と財産を保護する必要から形成されたものとなっている。[19] 神的意志の顕現したものとしてのヘーゲルの国家に対して、カトリックにおいては国家の役割が矮小化され、国家の地位が不当に貶められている。こうした国家こそヘーゲルが批判的に「悟性国家」と呼んでいるものである。「思い上がり」の宗教であるカトリックにとって、真理はすべて教会が所有し管理するのであるから、国家はこの程度の役割を果たすだけで充分であった。このように宗教の側からは常に宗教による世界の一元的支配の要求が湧き上がってくる。こういう動きに対して、ヘーゲルは常に国家と宗教の同一性と同時に差異性を際立たせ強調しなければならなかった。それがヘーゲルの「神的国家」像であると言えよう。

ヘーゲルはしばしば宗教と哲学の対象は同一のものであると語る。宗教も哲学も同じものを求める。宗教は神を、哲学は真理を。両者は内容的には同じものであるが、両者の認識の「形式」は異なる。ヘーゲルはこの差異を強調し、両者の差別化を図る。宗教も哲学も、なるほど同一の絶対的なものを求める。しかし、宗教は信仰という主観的心情によって、哲学は哲学的思惟による概念把握によって絶対的なものを把握しようとする。信仰における確信を「真理の主観的形態」とヘーゲルが呼ぶとき、彼は宗教的信仰を客観性を欠いた独断的真理と考えている。そういう信仰に支えられているから、教会はジョルダーノ・ブルーノを火刑に処し、コペルニクスを断罪し、ガリレオに謝罪させた。ヘーゲルはこのように教会を「抑圧者」としても位置付ける。それに対して、国家は哲学的思惟、学問の「保護者」として位置付けられる。

ただし、次のことは留意しておかなければならない。ヘーゲルは先述したように哲学を宗教の上位に置くが、それは決して宗教を否定したわけではないということである。ヘーゲルはその生涯において四回ほど宗教哲学講義を行っている。そのことからでも、ヘーゲル哲学における宗教、および宗教哲学の重要性を窺うことができるだろう。早くには『精神現象学』からも読み取ることができることであるが、ヘーゲルにとって「宗教」は、「芸術」や「哲学」と並んで「精神の自己意識」の現象形態である。ヘーゲルによれば、芸術よりは宗教が、そして宗教よりは哲学が、精神の自覚のより深まった形態とされる。哲学が宗教より上位に位置づけられるのは、前段落で述べた理由に基づいている。[20]

(iii) 〔国家と教会の分離〕

二七〇節は「国家と教会の分離」は「最高の幸福」である、という衝撃的な文章で終わる。

「国家は教会の分離によって、己の目的（Bestimmung）であるところのもの、つまり自己意識的な理性性や人倫（Sittlichkeit）となることができた。このことは（中略）最高の幸福（das Glücklichste）である。」

前節で国家と教会は基本的には相補的関係であると述べた。勿論、それはそうである。ヘーゲルは二七〇節の補遺ですぐさま、両者の相補的関係について少し詳細に語っている。それによると、国家が国家として成り立っていくには、国民は「国家、つまり全体の尊重」を必要とするが、そのためには国家の本質についての「哲学的洞察」が必要である。しかし、ここでヘーゲルは決して宗教を見捨てはしない。哲学的思索の能力を欠いた人もいる。その人たちを「国家全体の尊重」へ導くものとして、ヘーゲルは「宗教的心情」を挙げている。従って、哲学と宗教は国家に対する貢献の仕方が異なっていると言えよう。哲学と宗教はそれぞれの仕方で「全体を尊重する」精神を涵養するのである。ただ、ヘーゲルはベッケンフェルデのジレンマを先取りするかのように、国家が国民に要求できるのは、「法的義務」を守らせること、ベッケンフェルデの用語を使えば「遵法性」だけである。国家は「いかなる心情のあり方で行為されるか」に口出ししてはいけないのである。つまり、国家が国民に要求できるのは、「適法性」（Legalität）だけであり、決して「道徳性」（Moralität）ではないのである。このような意味で国家と宗教は区別されてもいる。ヘーゲルは道徳性を要求することを、「宗教的な仕方で何かを要求すること」としているが、国家が「道徳性を要求する」ことについては厳しく戒め、それは「個人の内面性の権利を危険に晒すこと」になると釘を刺す。

先の引用文に戻ろう。国家が「自己意識的な理性性」としてその本来の姿で存在しうるために、つまり国民に遍く承認された法体系を備えた国家体制＝「人倫」（第2部の註（27）参照）であるために、やはりヘーゲルには、国家と教会の分離が必要であった。[21] しかし、どうして両者を分離し、国家から教会を区別しなければ「人倫国家」を形成できないのであろうか。ヘーゲルによれば、分離しないなら宗教的仕方で、つまり宗教的権威や信仰に基づいて国家が強引な仕方で形成されることになるからである。これを理解するには、先に若干触れておいたヘーゲルによるオリエントの専制主義批判を見ればいい。

「オリエントの専制主義では国家は現存しない。というのもオリエントの専制国家においては、統一といっても統一が精神のみにふさわしい法、自由な人倫そして発展した自覚的な形態ではないからである。」（PdR.，三五五節）

ヘーゲルにとって、オリエントには基本的に国家は存在しなかった。なぜなら、オリエントの国家にはいかなる「精神の現存」もなかったからである。国家は精神によって形成され、精神がおのれの作った法体系や国家体制のうちに自己を自覚できる、つまり自由な人倫でなければならなかったのである。国家から宗教が分離されないなら、人間精神は決してそのような国家形成に至らないのである。

しかし、ここで付言しておかなければならないのは、ヘーゲルが二七〇節の註で記していることである。まずその第一は、宗教も学問（哲学）も国民の教養を高め、よい心構えを作る手段であるということ。その第二は、宗教も学問もそれ自身が目的であるから、単なる手段ではなく、国家においても「外的定在」（外的定在をどのように理解すべきかは、判断の分かれるところであろうが、「外的」であるから、空間的時間的に存在するものになると考えればいいだろう。すなわち、宗教は教会という外的存在、学問あるいは哲学は学校や大学という外的存在ということになろう）をもつということである。ヘーゲルによれば、そうすることによって国家ばかりでなく宗教もその本来の姿を取り戻すことができるのである。従って、両者の分離は両者にとって「最高の幸福」（信仰の自由、学問の自由によってそれらのよき機能が働く）なのである。

4節 「ルソーとヘーゲル」

フランス革命の挫折は、ヘーゲル哲学に多大な影響を与え、ヘーゲル哲学体系に大きな足跡を残している。革命の挫折の故に、ある者は啓蒙的精神の廃棄を求める。しかしそれでも、ある者は啓蒙的精神を評価し続け、運用の仕方を間違ったのだから、その点を再考すべきであると主張する。ヘーゲルは決して前者ではないし、また決して後者でもない。もちろん、ヘーゲルは啓蒙運動を通じて形成される近代市民社会を廃棄すると同時に、国家へのその「止揚」と国家におけるその「保存」を提言したのである。事はそう単純ではない。『法の哲学綱要』第三部「人倫」第三章「国家」は、革命の思想的基盤となったルソーの社会契約説の哲学的考察から始まる。

ルソーは（国民の）「意志」（Wille）を国家の原理として立てたとして、ヘーゲルから評価される。だが、ルソーは意志を「個別意志（der einzelne Wille）のもつ限定された形式」だけで把握し、「普遍意志（der allgemeine Wille）を「意識された意志としての個別意志から生じる共通のもの（das Gemeinschaftliche）」としか捉えきれなかったとして非難する。(22) この批判の根底には、若い頃からヘーゲルが身に付けていた「最高の共同が最高の自由である」というヘーゲルの自由観がある。ヘーゲルにとって、個人が「自分のやりたいようにやる」ことは自由ではなかった。それは単なる「恣意」であり、もっとも自由から遠いものであった。それに対して、諸個人が自分の恣意を自ら否定し、他者との共同性を獲得するとき、そこに真の自由が実現されているとヘーゲルは考えた。だから、ヘーゲルの自由とは、「個を否定し、全体と共同すること」であり、諸個人の個別意志はそのような能力を自らの内に内包している普遍意志であった。しかし、ヘーゲルはルソーの普遍意志が単に「共通のもの」でしかないと認識したとき、つまり恣意を否定する働きをもっていないと認識したとき、ルソーは意志を普遍意志として捉えきれていないと喝破したのである。

ヘーゲルはルソーの意志論を批判しながら、それに「後にフィヒテもしたように」と付け加えている。つまり、ルソーの個別意志は、フィヒテがそうしたような徹頭徹尾個別的な他者を排除する意志である。しかし、ヘーゲルにあっては、個別意志は個別的でありながら同時に他者との合一をその本質としている普遍意志なのである。しかし結局、ルソーにあっては普遍意志が個別意志の単なる総和、単なる「共通意志」としてしか捉えられていない。ヘーゲルは共通意志を「諸個人の単なる恣意、臆見、任意の同意」と表現するが、社会契約とはこうした同意を基礎として結ばれたものであると解釈する（第1部第2章2節のルソーの一般意志を参照されたい。我々は単なる共通の意志を一般意志と呼んだ）。そして意志の一般性（共通意志）だけを善として捉えるこの貧しい意志論が現実化されるとき、フランス革命は「暴力」へ進み、革命の悲惨は起こったと、ヘーゲルは宣言する。「それは我々が人類史について知って以来初めての、とてつもない光景を作り出した」（PdR., 二五八節）。ヘーゲルが行ったこの結末の処理が、「絶対的に存在する神的なもの、及び絶対的権威と尊厳」（同上）をもつものとしての神的国家像であったのではなかろうか。

ヘーゲルのフランス革命に対する非難は直接的表現で生々しく語られる。それほど革命はヘーゲルに大打撃を与えた。「ただ理性的だと信じ込んでいるものだけを新しい体制の土台にしようとした」（同上）一切を破壊した革命から、ヘーゲルはまず宗教を保守しなければならなかった。ヘーゲルにとって、宗教は少なくとも国家体制の一翼を担う存在であったから。この側面を国家と宗教の相補的関係として示した。次に、ヘーゲルは宗教、とりわけカトリックの一元的支配要求をよく知っていた。その側面が国家と宗教の分離として現れる。それは同時に、国家を基礎づける「哲学」と宗教の分離を、当然のことながら含んでいたのである。

現代の民主主義国家は、多元的な価値を承認する。それが民主主義国家の基準とみなされている（第3部で論じることになるが、ＥＵにおいては民主主義が導入されていることが加盟要件になる）。そして、一つの国家が多元的価値、あるいは多様な宗教を承認するということは、やはりなんと言っても近代市民革命を導いた「啓蒙」の成果であろう。しかし不思議なことに、ヘーゲルはフランス革命批判、啓蒙主義批判を通じて、国家と宗教の分離を説くことができたのである。しかもさらに皮肉なことであるが、ヘーゲルが行った国家と宗教の分離は、「神的国家像」という受け入れ不能なプレミアムまで伴っていた。確かにそうではあるが、そのことで「宗教に対する国家の自律化は、もちろんヘーゲルの実践哲学が持つ永続的な成果に属している」（Siep2, S.114、訳一七五頁）と、ジープが語るヘーゲルの業績の価値が色褪せることはない。

第4章〈総括：ヘーゲルのフランス革命解釈およびヘーゲルにおける国家と宗教の関係から帰結する「私たちの居場所」〉

1節［序］

私は「はじめに」で「現代は近代の現在である」と語った。そうであるなら、この言説は「現在は近代である」ことを語っていることになる。フランシス・フクヤマは、少なくとも近代が求めた啓蒙主義的価値は西側先進国において実現されたとして、『歴史の終わり』を書いた（もちろん、「末人（最後の人間）」の問題はあるにしろ）。その意味で、近代は終わっている。レオ・シュトラウスは、近代は人類の目標を「欲望の充足」へと低めて、目標の実現を図ったと語っていた。もちろん、シュトラウスは「欲望充足」という「近代のプロジェクト」を否定的に語っていたのではあるが、もし欲望の充足が人類の目標であるなら、この目標も西側先進国においては実現されている。たとえ、地球環境問題という難問を引き起こしたとしても。そして、もちろんここでも末人問題はあるにしても。

それにしても末人問題とは何だろうか。これは「超人」問題と言い換えてもいいだろう。それは多分こういう問題だろう。啓蒙的価値が実現され、世界が自由に、そして平等に設《しつら》えられたとしても、そして私たちが欲するものが意のままに手に入るようになったとしても、なお私たち人類には解決しえない特有の問題が残っている、ということであろう。和辻哲郎は人間的苦は革命によって癒されるようなものではないと語っていたし、「不幸の根拠」は革命においても払拭されないとも語っていた。第1部第2章で述べたように、シュトラウスはその感情を「欠如」の感情とも呼んでいたが、この感情は啓蒙思想においては決して表面に現れ出ることはなく、伏在していた。《ノート3》で述べられた革命によっても癒されない苦とは、避けられない「死」に起因していたし、「欠如」の感情とは、人間的苦は「人間的努力」では超えることができないという感覚を伴っていた。一方に、人間的苦など意識せず、欠如の感情も意に介さず、ただひたすら現実に浸る生き方（末人問題）がある。他方に、乗り超え不可能な苦や欠如の感情と雄々しく闘いながら、現実を超えていこうとする生き方（超人問題）がある。従って、末人・超人問題として浮上してくる人間的問題には、革命を主導する啓蒙的・合理的アプローチよりはむしろ、宗教的アプローチがより適切であるように思われる。末人・超人問題は宗教を要請しているようである。

さて、元へ戻ろう。近代は終わったのか。近代は終わってポスト近代が始まっているのか。ハバーマスなどフランクフルト学派は、「未完の近代」を語る。私も近代は終わっていないと思う。だが、それは決して啓蒙的価値が完全に実現されていないばかりではなく、フランス革命によって現れ出た問題が、解決されずにそのまま口を広げて残っていると考えるからである。フランス革命によって現れ出た問題にいち早く目を向け、その最初の処方箋を書いたのがヘーゲルであった。それについては、「国家と宗教」の関係を論じるところですでに語っているところではあるが、「私たちの居場所」を照らし出すという観点から、以下で再構成してみたい。

2節　［ルートヴィヒ・ジープのヘーゲル評価］

まず、これまで時々触れてきたルートヴィヒ・ジープ[23]の論文「ヘーゲルの国家はキリスト教国家か？」を見ていこう。この論文は大きく言って二つの結論を持っている。①一つは、ヘーゲルの「神的国家像」に対する完全否定的評価である。ジープは、もはや現在においては「神的国家像」はまったく認めることができないアナクロニズムであると言う。つまり、ジープはヘーゲルの「神的国家像」に対してまったく否定的である。私もこの否定的評価をおおむね承認するものであるが、若干の留保事項を付けて承認したい。②もう一つは、「宗教に対する国家の自律化（Autonomisierung）は、もちろんヘーゲルの実践哲学が持つ永続的な成果に属している」（Siep2, S.114、訳一七五頁）という肯定的評価である。国家と宗教の分離を哲学的に主張しえたことは、ヘーゲル哲学の不朽の名誉である。ジープの評価はまことに的を射ていると思う。ただ注意しておきたいのは、「国家の宗教からの自律化」であって、単に「国家の宗教からの自立（Selbständigkeit）」ではないということである。

3節　［フランス革命再考］

さて、それではもう一回フランス革命を覗いて総括しておこう。ヘーゲルはなるほど革命のさなかに起こったテロルや破壊を批判はする。しかし、革命自体を否定しているのではない。ヘーゲルは革命を歴史的必然として受け取った。しかも、ヘーゲルは革命を必然として理解しただけでなく、革命が引き起こした徹底した殺戮と破壊も革命が必然的に伴っているものとして理解した。フランス革命に代表される近代市民革命は、避けることができない人類の運命であった。ヘーゲルはこのように一方で革命の必然性を認識し、それ故肯定もするのだが、他方でフランス革命は「破壊してはならないもの（教会）まで破壊した」という思いを抱かざるをえなかった。私はこの思いが、国家と教会（宗教）を分離させながらも、なお宗教を否定することなく、国家と教会とを両立させる（第2部第3章2節の(i)、(ii)、(iii)参照）という、フランス革命に対するヘーゲルの政治哲学的後始末に現れていると考える。

では、なぜヘーゲルはフランス革命を「破壊してはならないものまで破壊した」と考えたのであろうか。革命は確かに「信教の自由」を与えた。しかし、革命政府は同時に、教会を国家統制の下に置いた。そしてさらに、教会の財産を没収したし、修道会の解散も命じた。[24] パリから遠く離れたチュービンゲンやベルンやフランクフルトやイエナ[25]で不遇な生活を強いられていたヘーゲルの耳に飛び込んでくるのは、幼いころから慣れ親しんできた教会の破壊の情報だった。ヘーゲルは最も若い頃の断片、それは『民族宗教とキリスト教』と名付けられているが、そこで宗教について次のように語っている。

「宗教は、われわれの人生で、最も大切な事柄のひとつである。――われわれはすでに子供のころ、たどたどしい口調でではあるが、神への祈祷を唱えることを教えられたり、神を最も崇高な存在にまで高めるべく、小さな両手の指を組み合わせたり、そのころのわれわれにはまだ理解できなかった文章を集めたものを、将来いつかそれを用いて自分の人生に慰安を得ることができるようにと、暗記させられたものである。（中略）人間の私的な幸福のよりどころになっている、人生での比較的重要な出来事や行事のすべてにわたって、たとえば誕生だの結婚だの死亡だの葬儀だのに、すでに、なにか宗教的なものが混じり込んでいる。[26]」

私はここで語られている宗教に関するヘーゲルの原初の篤き思いは、終生、基本的には変わらなかったと考える。薄暗いドーム、低い祈りの声、鳴り響く教会の鐘の音、それらすべてをひっくるめて心落ち着く場所であり、ある意味で精神の拠り所でもあった心の平安の崩壊、それをヘーゲルはフランス革命の中に感じていた。

周知のように、世俗の権力と天上の権力、国家権力と宗教的権威とが、覇を争ってきたのが中世からのヨーロッパの歴史である。近代になって、絶対王政の時代になると、ヘーゲルが『精神現象学』で語っていたように、宗教（教会）は国権の支配構造のなかに組み込まれ、国王の絶対性の守護者としての役割を果たすようになり、国王による国民の間接的支配の道具となった。それ故に、革命の際には打倒の対象ともなった。革命によって国権は打倒され、それに伴って教会もその拠り所を失った。しかし、ヘーゲルが伝え聞いたのは、教会の革命政府への完全従属であった。絶対王政においても、そして革命後も、国家権力を服従しながら支えるという役割を教会（宗教）は担わされることになったのである。いや、革命後はますますその傾向に拍車がかかった。ヘーゲルはこれによって国民の精神の拠り所としてあった教会が完全に失われたと考えたのではなかろうか。ヘーゲルにとって、キリスト教教会は宗教であり、決して国権の手先となって国民を支配する道具であるべきではなかった。私はヘーゲルは教会をある種の「Sitte」（ジッテ）[27]としても考えていたのではないかと思う。ジッテは、人間集団がそれに従って生きている「習俗」や「しきたり」であるが、これを人々は幼少時からの教会通いを通じて、宗教（教会）から学ぶのである。そして、この「習俗」に従って生きることで、人々は精神的安楽を得ることができた。和辻がフランス革命を批判したとき、和辻の中にあった宗教像には、こういうジッテとしての宗教の要素もあったのではなかろうか。

以上のように、フランス革命の経験はヘーゲルをして、国家と宗教の分離に向かわせることとなった。しかし同時に、ヘーゲルは国家には国家の、宗教には宗教のそれぞれに場所を与えるという仕方で、両者の両立を計ることになるのである。

4節［分離と共同］

(i)［分離］

① ジープも指摘していることであるが、ヘーゲルは近代国家を「主観性の原理を個人的特殊性という自立的な極へと仕立てあげつつ、同時にこの主観性の原理を実体的統一の内に連れ戻す（zurückführen）というとてつもない強さと深さ」（PdR.二六〇節）をもつ存在と考えている。第2部第3章の導入部ですでに指摘しておいたが、フランス革命の「光」の部分は諸個人の自立性と人権を承認する近代市民社会の成立であった。ヘーゲルはこれを歴史的必然として理解するが、他方で革命によって生まれる「契約理論に基づく共和主義国家」（Siep2, S.113、訳一七四頁）では、市民社会の諸矛盾は解決不能として、市民社会は国家へと止揚されなければならないと考えた。先の引用文の言葉を使用するなら、市民社会の分裂を国家が「実体的統一へ連れ戻す」ことによって、国家は完成するということであった。このように国家に「強さと深さ」を与えるためには、国家は「神的意志の現在における現れ」（第2部第3章3節(i)参照）であるというお墨付きが必要であった。そのようなお墨付きによって、国家と教会（宗教）を分離し、教会の上に国家を配置する必要があった。これがヘーゲルが国家と教会（宗教）を分離した第一の理由と考えられる。

②　次に、ヘーゲルは宗教を「破壊してはならないもの」、「保守されるべきもの」と考えていたことはこれまで述べてきたことではあるが、彼は同時に教会の支配欲（カトリック）の強さもよく認識していた。従って、宗教を国家から分離しておかなければ、宗教的原理に従って、つまり宗教的権威や信仰に基づいて国家が形成されることになる。これが国家と宗教を分離した第二の理由である。もちろん、ヘーゲルには国家と宗教を分離するだけでなく、国家を宗教より高いものとして位置付ける必要があった。それが「実体的統一」としての国家であった。第2部第3章3節(iii)では、かかる国家をヘーゲルは「自由な人倫」と表現していたが、これは諸国民の精神によって形成され、こうして形成された法体系や国家体制のうちに自己自身を自覚できる自由な国家であった。宗教的原理に基づいて国家が形成されるなら、決してこのような「自由な人倫国家」形成に至りえないということを、ヘーゲルはよくわかっていた。ヘーゲルの「絶対的権威と尊厳」をもつ「神的国家像」についての完全否定評価（ジープ）も、こうした宗教との関係というパースペクティブを考慮する必要があるのではなかろうか。私がジープの「神的国家像」完全否定評価に若干の留保をつけた所以である。

(ii)【共同】

ヘーゲルは確かに国家と宗教の分離を主張した。しかし、分離を認めたからといって、決して両者の対立的関係だけを主張したわけではなかった。ヘーゲルにとって宗教は、人間的苦に寄り添い、人間的苦を和らげる働きを持っていた。また、宗教には内面的心術の側面から国家的統合を支えるという側面があった。ベッケンフェルデが主張したかったように、宗教は神との関係の中で主観の内に入ってきて、この現実を善く生きることを神との関係のなかで教える（第2部第3章2節(i)参照）。宗教はそのような仕方で、社会生活に道徳的基盤を与える。ヘーゲルは「宗教は国家の基礎にすぎない」と語ったが、宗教はこの意味で「国家の基礎」である。

このような宗教の働きに対して、国家は教会を経済的に援助するなどして教会を助け、教会を通じて国民の統合を図る。従って、国家と宗教は対立的であるのではなく、相補的なのである。ジープは「国家の宗教からの自律化は、ヘーゲル実践哲学の永続的成果」と語っていた。しかし、この「自律」は決して国家と宗教の対立を語っているのではなく、両者が相互に自立しながら、それぞれの原理で働き（自律）、相補的に関係し合っている姿を現しているのである。

5節　「私たちの居場所」

「国家と宗教は異種のものとして相互に分離するが、分離することによって相互補助的に働き、国家社会を相補的に形成すべきである」という結論が、フランス革命を通してヘーゲルが到達した地平だった。近代の歴史において、国家と宗教の関係はこの基本枠の内で推移し、定着しているように思われる。第3部で触れることになるが、EUとて決してキリスト教同盟ではない。ファシズムの時代、我が国は、近代の最も重要な約束事である国家と宗教の分離を破棄し、両者の統合を図った。この統合は戦争をやりやすくし、日本を戦争へと導いた。敗戦後、日本は深い反省の下、国家と宗教とを完全に分離した。ヨーロッパの国々はもちろん、国家と宗教を分離したのであるが、実際は分離よりは共同性の方が優先する場合も多々あるようである。従って、国家と宗教の分離は必要であるが、その共同性の程度は「お国柄」によって異なってくると考えられる。しかし、原則はあくまでも国家と宗教の分離である。そうした国家こそ「私たちの居場所」であるべきである。

ここで一言。私が「国家と宗教の分離と共同」を語るとき、どのような宗教を考えているのかを、少し私的なことに言及しつつ提示しておきたい。私は「魂の不死」や「浄土の存在」を信じるものではない。死は無に至ることだとさえ考えることもある。そうであるから、いっそう身近な人の死は悲しい。二〇一三年四月には父を、五月には母を亡くした。悲しみは形を与えられないほど茫漠としていて、捕まえることができないほど深かった。「ああすればよかった」とか「こうしておくべきだった」とか、さまざまな悔恨が頭をよぎった。しかし、初七日を終え、四十九日の法要を済ませ、初盆のいろいろな行事をこなしていく中で、捕まえることのできなかった悲しみが整理され、形を得て、心の中にしまいこまれていった。悲しみは悲しみの場所に収まった。私はこういうものとしての宗教を考えている。祖父の時も、祖母の時も、そして義父の時も、義母の時もそうだった。段取りの決まった儀式は悲しみを鎮めるセレモニーである。つまり、私はいつでもジッテとしての宗教を宗教として認めている。そこでは信仰はあまり問題にならない。あると言えばあり、ないと言えばない。私たちの信仰とはそういうものである。私は「習俗」としての宗教が宗教についての「私たちの居場所」であるべきと考える（「習俗」については第2部註（27）を参照。「習俗」としての宗教についての若干の歴史的考察については《ノート4：市民宗教について》を参照）。

これは当然、ヘーゲルが考えていた宗教とは大いに異なっているだろう。私の唱える「宗教らしきもの」は、例えば仏教やキリスト教などの世界宗教から見れば、いかにも浅薄に見えるだろう。しかし、どんな高尚な教義を築いている宗教も、日常生活の中で死の悲しみを鎮める機能をもっていなければ、一人ひとりの人間の心の中に入っていけないのではなかろうか。私が考える「習俗としての宗教」はそのような機能をもつものである。従って、私は「葬式宗教」を決して否定しない。このような宗教は、ヘーゲルが考える国家の相補的同伴者としての世界宗教とはまったく異なっているように見えるかもしれない。しかし、世界宗教といえども、「習俗」（日常を生きる生き方）として現れ出る力をもっていなければ存在することもできないのである。

第1部で原理主義について触れた。現在、私たちの世界には、国家と宗教を分離するどころか、国家と宗教の一体化こそ国家と宗教のあるべき姿であると信じている人々も多い。宗教が国家に絶対性を付与し、国家が宗教を絶対化する。このような原理主義国家は決してイスラム国家ばかりではない。私は一つの価値しか認めない原理主義を乗り越えていくために、世界の国々が啓蒙的価値を採用していくことが必要であると考えているが、啓蒙的価値を絶対化することも原理主義だと考える人たち（シュトラウス学派）も存在している。しかしともかくも、一つの価値しか認めない原理主義が、現代世界の不安定要因になっている。この不安定な状態が、現在の「私たちの居場所」でもある。

《ノート4：市民宗教について》

日本人は自ら、「正月は神社に初詣し、盆には仏式で先祖の霊を迎えそして送り、クリスマスにはキリストの生誕を祝う」と、しばしば宗教的な節操の無さを自嘲的にあげつらう。だが、私はいましがた私の個人的な雑駁すぎる宗教観を述べさせてもらったが、この宗教観から見れば、こうした節操の無さはそれほど否定的なものではない。むしろ、そうした態度は「寛容」と言ったら言い過ぎになるかもしれないが、日本人らしい功利的生活に根差した「こだわりの無さ」を表現しているように思える。だから、私は日本人の持つこうした「習俗としての宗教」を「生活の中の宗教」とか、「市民宗教」と呼ぶことが相応しいと考えてきた。それは決して壮大なきっちりした体系などもたないし、生活上受容不可能なものを要求することもない。しかし、それだからと言って、決して人々を堕落した放縦な生活に貶めることはなく、逆に生活上の律すべき規範を示し、善き生活へと導いてくれる。ベッケンフェルデは宗教に道徳的根拠を求めたが、それは宗教の持つこうした側面を想定してのことであろう。私はこのような「生活の中にあって生活の規範を形成し、かつ表現する宗教」を「市民宗教」と考えてきた。

私はこれまでヘーゲルの理解したルソーの政治哲学について論じてきたが、そのルソーの主著『社会契約論』に「市民宗教」（ルソー『社会契約論』、第四編第八章[28]）という一節がある。ルソーは、たとえ人類はもはや自然状態には戻れないとしても、よりそれに近い国家社会を形成することを目指した。ルソーは、彼自身がそう名付けた「市民宗教」が、そのような社会を形成する重要な一翼を担うものと考えたようである。まずは、そこでルソーが何を語っているのかを以下で明らかにしておきたい。

（ルソーの「市民宗教」（religion civile）について）

まず、ルソーは国家と宗教の古代における関わり方について論じている。古代ギリシア、およびヘーゲルがオリエントと呼ぶ地域[29]が栄えていた時代には、国家は一宗教に基づいて形成されていた。そこでは当然、国家の法律と宗教は一つであり、国家権力と宗教的権威は一つであった[30]（チュービンゲン、ベルン時代の若きヘーゲルはこのような宗教を「民族宗教（Volksreligion）」と呼び、一時期国家と宗教の理想のあり方と考えた[31]）。ルソーによると、このような状況に変化をもたらしたのがイエスであった。

キリスト教は「彼岸の国」と「此岸の国」を分け、それに応じて「聖職者」と「世俗の支配者」を立てる。政教分離である。ルソーはこの分離によって、国家と宗教の終わることのない争いが始まったと考える。ルソーはこの分離対立の政治的統一（政治＞宗教）を実現することによって解消すべきであると主張したホッブズの仕事を評価すると同時に、両者の宗教的統一（政治＜宗教）を実現したマホメットの考えすら「きわめて健全な見方」と主張する。もちろん、周知のように、ルソーはマホメット的な宗教的統一ではなく、ホッブズ流の政治的統一をホッブズとは違う仕方で求めることになる。

上の論述を踏まえて、ルソーは宗教を三つに類型化する。第三の類型として、ラマ教、日本人の宗教、ローマ・カトリックが挙げられるが、これらは「明白に悪しきもの」であるとして一顧もされない。結局、宗教は二つに類型化される。「人間の宗教」（Religion de l'homme）と「市民の宗教」（Religion du Citoyen）である。

「市民の宗教」とは、原始民族の宗教と同様にその民族固有の神をもち、国家と一体となった宗教である。その善い点をルソーは次のように語る。

「市民の宗教は、それが神の信仰と法に対する愛とを結び付けている点で、そして、それが祖国を崇敬の対象としながら、市民に祖国に奉仕することが守護神に奉仕することになるのだと教える点で、すぐれている。」（『社会契約論』三五一頁）

原始国家においては、民族の宗教に基づいて国家が形成されていた。つまり、宗教的精神が民族の一人ひとりを結びつける紐帯として機能していた。だから、人々にとって、神を敬うことは国を敬うことであり、その逆も真であった。従って、そのような国家で行われる政治は「神政政治」であった。それに対して、悪しき点は次のようになる。市民の宗教は、その民族の特殊な経験や伝説を基に形成されるから、「迷妄と虚偽」に基づく迷信的なものである。[32] しかも、それはある民族固有の宗教であるから、「排他的」であり、他の宗教をもつ他の民族に対しては「不寛容」である。

次に、「人間の宗教」は、「福音書のキリスト教」とされる。これはプロテスタントの宗教であると考えられるが、その善い点は次のようになる。

「この神聖・崇高な真実の宗教により、同一の神の子である人間は、すべて互いに兄弟として認め合い、彼らを統一する社会は、死滅する時さえ解体することはない。」（同上、三五二頁）

ルソーは「人間の宗教」はすべての人間を結びつける紐帯をもつ世界宗教であるとして、その普遍的性格を高く評価している。つまり、「市民の宗教」がある民族に固有の特殊な宗教であったのに対して、「人間の宗教」はすべての民族に妥当する宗教として世界に解放されている点を評価するのである。

それに対して、ルソーがその悪しき点として挙げているのが、「社会性の意識の欠如」（同上、三五五頁）である。なぜ、そうなるのか。

「キリスト教はまったく霊的な宗教であり、ひたすら天上の事柄に関心をもっている。キリスト教徒の祖国は現世のものではない。（中略）この地上ですべてがうまくいこうと悪くいこうと、どうでもよいことなのだ。国家が繁栄していても、キリスト教徒はほとんど公共の福祉を享受しようとはしない。（中略）国家が衰退しつつあっても、人民の上に重くのしかかる神の御手をほめたたえる。」（同上）

キリスト教徒は、この世、この国、この共同体に関心はない。天上の国と神だけが、彼らにとって関心の的なのである。彼らが義務を負うのは、神だけであり、彼らが現に住んでいる共同体や国家にではない。神にだけ義務を負い、国家に義務を負わないのであれば、国家において社会契約上の義務は履行されることはない。キリスト教信仰は神と人間との紐帯ではありえても、人と人との紐帯にはなりえないのである。「社会性の意識の欠如」とは、こういうことである。

そこでルソーは問う。

「市民に義務を愛するようにしむける宗教を各市民がもつことは、国家にとってまさしく重要なことである。」（同上、三五五頁）

「人間の宗教」は、特定の民族ではなく、すべての民族、そう言っていいならすべての「人間」を対象としうる普遍性をもっている。しかし、それが説く義務は神に対する義務であり、この世的な義務は二の次である。「市民の宗教」は特定の民族の宗教であるが、そこでは神への信仰は国家への崇拝と直結していた。神のために働くことは国家のために働くことであり、国家のために働くことは神のために働くことであった。しかし、「市民の宗教」は「民族宗教」という限界を超えることができなかった。他国、他民族、他宗教を排除することによってしか存続しえなかったのである。右の引用文は、このような二つの宗教の善い点と悪い点とを踏まえて、他に対する排除、他への「不寛容」なしに、市民に対して国家社会への義務を命じうるような「宗教」を要請しているのである。この「宗教」は、あたかも「人間の宗教」と「市民の宗教」が弁証法的に止揚された形態であるように見える。実は、この「宗教」こそ、ルソーが「市民宗教」として語ろうとした宗教であったのではないだろうか。ルソーは「市民宗教」の教義は「単純」であるべきと前置きし、その単純な教義を次のように語っている。

「全知全能で慈愛に満ち、すべてを予見し配慮する神の存在、来世の存在、正しい者の幸福、悪しき者への懲罰、社会契約と法律の神聖性、これらが（市民宗教の）積極的教義である。消極的な教義については、私はそれをひとつに限る。それは不寛容である。」（同上、三五六頁）

ここでは「人間の宗教」のなかに「社会契約と法律の神聖性」が取り入れられ、「社会的意識の欠如」が補填されている。また、「市民の宗教」における問題点であった「他者排除」が「不寛容」として排除され、その悪しき点が除去されている。R・N・ベラーは、必ずしも明晰ではない後者についてのルソーの記述を「宗教的不寛容の排除」と解釈し、明確にしている[33]。私もそう解釈したい。但し、ルソーはその直後に政治的不寛容と宗教的不寛容とは区別しえないものであることを強調しているので、宗教的不寛容の排除は政治的不寛容を含むあらゆる不寛容の排除として理解すべきであろう。

以上で見てきたように、ルソーの「市民宗教」はプロテスタンティズムを基本に置きつつ、それに若干の修正を加えたものであると、言ってもいいのではなかろうか。プロテスタンティズムという世界宗教がもつ普遍性の上に、社会契約を実現するための国家形成という特殊を取り込んだ形で「市民宗教」は成立していると考えられる。ただし、特殊である国家における、国家権力と宗教的権威との関係については、必ずしも明確ではないのではなかろうか。国家と宗教の分離を哲学的に基礎付けたことがヘーゲル哲学の功績であるという、ジープの指摘について先述した。そして次章では、ヨーロッパの歴史は両者の分離という形で進んだことを述べることになるが、それとは逆にイギリスは「国教会」を認めてもいる。また、アメリカでも、キリスト教を現実に従って国民宗教にすべきだと主張するグループと、国家と宗教はまったく別物であると考えるグループが存在し、議会で対立することもある。[34]ただ、我々がここで注意しておかなければならないのは、ルソーが語っているように、宗教的不寛容は政治的不寛容を伴うということである。恐らく、政治（国家）と宗教の分離が存在しないなら、多様な宗教も多元的価値も認められることはないであろう。お国柄によって、政教分離の仕方は異なるにしても、政教分離が「寛容」成立のための基礎であり、必要条件となるのである。寛容についての議論は、我々の次の課題となるだろう。

註

（1）第2部の前半の一部は（『日本カント研究』14号、日本カント協会、理想社、二〇一三年）に掲載されたものであるが、再録するに当たりこれに大幅に加筆し、さらに補正を加えた。
（2）ハインリッヒ・マイアー『レオ・シュトラウスと神学——政治問題——』（石崎他訳、晃洋書房、二〇一〇年）vii頁参照。
（3）ルートヴィヒ・ジープ『ドイツ観念論における実践哲学』（上妻精監訳、理想社、一九九五年）四七七頁以下参照。

（4）『法の哲学綱要』はズールカンプ版ヘーゲル全集を使用した。引用に際してはPdRと略記し、節番号だけを付した。次章の註（9）も参照されたい。G.W.F.Hegel Werke in zwanzig Bänden, 7 *Grundlinie der Philosophie des Rechts*, Suhrkamp Verlag, 1970.

（5）『精神現象学』についてはアカデミー版ヘーゲル全集を使用。引用に際してはPdGと略記。G.W.F.Hegel gesammelte Werke, Band 9, *Phänomenologie des Geistes*, Meiner, 1980. 翻訳は『精神の現象学』下巻（金子武蔵訳、岩波書店、一九七九年）を使用した。引用に際しては、アカデミー版全集の頁のあとに、翻訳書の頁数を付した。

（6）「教養」とはドイツ語でBildungと謂う。Bildungはbilden、つまり「形成する」、「陶冶する」という意味の動詞の名詞形である。だから、「教養」とは、たんに「教養がある」というような意味ではなく、「理性的存在へと自分を高めていく」という意味を持つ。そういう意味では、「教養」は啓蒙主義的なテクニカル・タームである。

（7）古いしがらみや因習に囚われることなく、すべてのものごとを「ありのままに」見ることができるようになった、人間の洞察力のことである。啓蒙化された理性と言ってもよい。Einsichtとは「洞察」と訳されることが多い。

（8）Ludwig Siep. *Der Weg der Phänomenologie des Geistes*, Suhrkamp. 2000. Siep1と略記。この翻訳はまだないが、ジープの出版した著作で最も多くの人に読まれた書籍である。因みに、このタイトルを翻訳すれば、『精神現象学の道』となる。ジープについては、註（23）を参照。

（9）リッターは、ヘーゲルが「革命に直接参加して、革命の推進力になろうという情熱は、ほぼ一七九五年ごろからしだいに影をひそめていった」（Joachim Ritter. a.a.O., S.194. 翻訳書二二頁）と報告している。

(10)「普遍意志」と「一般意志」は、原語に直せば同一である。ドイツ語で言えば、どちらも der allgemeine Wille である。個別意志と一般意志の関係は、第1部第2章2節で論じられているので、そちらを参照願いたい。

(11) Ernst-Wolfgang Böckenförde, *Der Säkularisierte Staat*, Carl Friedlich von Siemens Stiftung, München, 2007. この小著はジーメンス財団で、二〇〇六年一〇月二六日に行われた講演を基にしている。

(12) „Der freiheitliche, säkularisierte Staat lebt von Voraussetzungen, die er selbst nicht garantieren kann." (ebenda, S.8)

(13) Ludwig Siep. Ist Hegels Staat ein christlicher Staat?, in: *Aktüalität und Grenzen der praktischen Philosophie Hegels*, Wilhelm Fink, München, 2010. Siep2と略記。
　この論文の翻訳は以下の通りである。「ヘーゲルの国家はキリスト教国家か」(山内・岩田・大野木訳『ぷらくしす』通巻13号、広島大学応用倫理学プロジェクト研究センター、二〇一二年。)

(14) Ludwig Siep. „*Staat, Religion und Philosophie im deutschen Idealismus*". これは二〇〇二年三月に広島大学で行われた講演である。翻訳は、「ドイツ観念論における国家・宗教・哲学」(山内・後藤訳、『シンポジオン』復刊47号第二分冊、二〇〇二年、七八頁)。Siep3と略記。

(15) ヘーゲルはイエナ期初期の論文「信と知」で、カント、ヤコービ、フィヒテに代表される世界精神の形式は、「北方の原理」、宗教的に見ればプロテスタンティズムに基づいている、と語っている。北方の原理とはプロテスタンティズムとして顕現する原理である。(Vgl. *Glauben und Wissen*, Werke zwanzig Bänden 2, Suhrkamp. 1974, S.289)「北方の原理」は、ヘーゲルの青年時代、特にイエナ期においては、その原理がもつ「主観性」という意味が強調され、客観との「分裂」を象徴する言葉であった。しかし、後期においては分裂を抱えながら「統一」を包含する言葉となっている。

（16）『法の哲学綱要』二七〇節からの引用に関しては、特に注記しない。
なお、二七〇節の特徴について、金子武蔵氏は以下のように述べている。すなわち、彼は「法哲学の国家観にとっては宗教は最早その（国家の）構成契機ではない」としながらも、「問題はかくも、簡単であることはできぬ」として、ヘーゲルも「付帯的ながら国家と宗教との関係を論ぜざる」を得なかったと考える。そしてそれこそが二七〇節であるとして、この節を「他の場合とは不釣合いに詳細なる註解によってこの関係を論じて居る」とする。そしてそこでは、国家と宗教の関係は「結合と分離という二方面をもって居る」と主張される。本書では、この二方面を「分離と共同」として、以下で論じることになる。こうした（結合ではなく、共同という）異なるタームの選択に、私と金子氏との微妙な相違が表れている（金子武蔵『ヘーゲルの国家観』岩波書店、昭和一九年、昭和四六年、四七〇頁以下参照）。

（17）Vgl. Siep2. 訳一七四頁。ジープはヘーゲルの「神的国家概念」を、現代では受容不能なヘーゲル的概念の一つとして挙げる。また、こうした国家概念はアリストテレスの「不動の自己目的」（PdR., §258）やスピノザの「自己原因、及び自己根拠」（PdR., §257）という用語を、国家を表現するものとして使用するところに見られると指摘している。

（18）ヘーゲルは二七〇節の注で、国法に従わないクエーカー教徒や再洗礼派、そしてユダヤ人を非難している。しかし、その非難はそれほど激烈ではなく、代替措置を用意するなど「寛容」な対応を説いている。

（19）ヘーゲルにとって、カトリックの国家観と社会契約論の国家観は、国家を必要から生じたものとして捉えている点で、通底しているところがあったと考えられる。社会契約論の国家観については、前章ですでに述べておいた。

（20）宗教に対するヘーゲルの二面的態度、さらに哲学と宗教の対象については、以下の秀訳を参照されたい。

『ヘーゲル宗教哲学講義』（山崎純訳、創文社、二〇〇一年）x頁。この部分はこの講義の編者であるW・イエシュケの日本語版序文に当たる。ここでイエシュケは、ヘーゲルの宗教解釈を「宗教擁護」と「宗教批判」を同時に遂行するものであり、それ故に「両刃の剣」であると語っている。そして、彼の宗教擁護の原因になったものを「後期啓蒙主義の純然たる道徳的な宗教概念の狭さ」（x）と指摘している。本書も基本的に啓蒙主義の硬直した宗教理解に基づく、行き過ぎた宗教破壊に立論の基礎があることを、これまで再三述べてきた。また、両刃の剣というイエシュケの指摘も至極当然のことと考える。本書ではこの二側面を、国家と宗教の「分離と共同」として論じている。なお、この原テキストは、G.W.F. Hegel, *Vorlesungen über die Philosophie der Religion*, Hrsg.v.Walter Jaeschke. Hamburg 1983-85. である。さらに、このテキストのS.62（訳八頁）では、「哲学と宗教の対象」が同一であることが語られている。

（21）ヘーゲルは国家と宗教の分離は「教会の側が自分自身で分離に至るかぎりでだけ生じる」（PdR., S.306）として、プロテスタントの側からの分離を評価する。また、この分離は「特殊な教会」（カトリック）を超えることであり、この分離によって国家は普遍的なものとして存在するに至るとされる。

（22）ルソーは普遍意志を、個別意志から生じる「共通のもの」、「共通意志」としてしか捉えきれなかったという視点が、ヘーゲルのルソー批判の重要な点である。この意味で、ルソーの普遍意志は、「一般意志」と理解し、そう訳す方が的を射ていると考えられる。

（23）Ludwig Siep（1942-）現在、ドイツのミュンスター大学名誉教授。すでに定年退職しているが、現在でもシニア・プロフェッサーとして旺盛な研究活動を行っている。二〇一三年二月にも四回目の来日を果たし、広島大学で講演と議論を行った。数年前まで、W・イエシュケとともにヘーゲル研究の中心„Hegel Studien“（『ヘーゲル研究』）の編集を行っていた。また、この間ドイツ政府における生命倫理関係の委員、委員長を歴任し、ドイツの「胚性幹細胞」研究の道を開いた。主要な研究分野は、ヘーゲルを中心にしたドイツ観念論哲学、とりわけその実践哲学的部分、さらにそれを土台にした生命倫理学研究である。

ミュンスター大学のあるミュンスター市は人口三〇万人弱の中都市であるが、一六四八年、三〇年戦争の講和条約、「ウエストファーリア条約」が結ばれた都市として、つとに有名である。町の中心部には条約締結時の遺物も保存されている。こういう歴史をもっているので平和研究も盛んである。

ドイツ北部は三〇年戦争の結果、プロテスタントが強い。しかし、ミュンスター市は北部にありながらカトリックの町である。ミュンスター大学も一六世紀カトリックの学校として始まった。ミュンスター大学はドイツでも五指に入る有力大学であり、哲学研究も極めて盛んである。ジープの前任者は、「はじめに」で取り上げた『ヘーゲルとフランス革命』でよく知られたJ・リッターである。南のフランクフルト市にある通称フランクフルト大学がヘーゲルよりカントに重きを置いているのに対し、ミュンスター大学はカントよりヘーゲルに重点を置いて研究しているように見える。「はじめに」の註（1）で述べた、ハーバーマスとリッターのヘーゲル解釈の違いは、フランクフルト学派とミュンスター学派のドイツ観念論解釈における重点の置き方の違いの一つの大きな現れであると考えられる。またこの違いは、現在ではA・ホネット（フランクフルト学派）とジープ及びM・クヴァンテ（ミュンスター学派）の哲学的相違として現れているように思われる。

（24）　ミシェル・ヴォヴェル『フランス革命と教会』（谷川稔他訳、人文書院、一九九二年）参照。さらに『フランス革命の研究』（桑原武夫編、岩波書店、一九五九年）にも、革命と教会の相克に関する詳細な研究がある。とくに、第六章「キリスト教と国家」が重要である。この研究の基本的視点は「フランス革命は、精神史的に見る限り、キリスト教とヒューマニズムとの公共的生活理想の層における交替であった」（同書、三四二頁）という観点である。従って、この書は、フランス革命をデュルケーム流にカトリックとプロテスタントの闘いと見る視点を採用せず、このような観点を謬論となす。

(25) イエナ（Jena; イェーナ）はドイツ東部の中都市。東西ドイツ時代は東ドイツに属した。この町は一八世紀後半から一九世紀前半にかけて、ドイツ文芸の中心都市であった。多くのロマンティカーがこの町に集まったが、そのなかにはイエナ大学の教授を務めた、フィヒテやシェリングもいた。ヘーゲルもシェリングの招きでイエナに長期滞在（一八〇一—〇七）し、ここで『精神現象学』を書いた。

(26) G.W.F.Hegel Werke in zwanzig Bänden, 1 *Frühe Schriften*, Surkamp Verlag, 1971, S.9. 翻訳は、『ヘーゲル初期神学論集Ⅰ』（久野昭・水野建雄訳、以文社、一九七三年）七頁。

(27) ヘーゲル『法の哲学綱要』は1.「抽象法」2.「道徳性」3.「人倫」（Sittlichkeit）から構成される。人倫は低い順から「家族」、「市民社会」、「国家」から成る。人倫とは大小の差はあれ、構成員の所有する「理念」から作られた「人間の集団」を意味している。この「人倫」の基になった言語が Sitte である。Sitte は、「習俗」とか「しきたり」を意味するドイツ語であるが、Sittlichkeit は Sitte からできているのである。だから、人倫はなんらかの習俗をもつ人間の集団ということになろう。私はヘーゲルが宗教およびその現実的形態である教会の儀式等を、Sitte を形成する重要な精神的働きとして理解していたと考えている。

『法の哲学綱要』でヘーゲルが Sitte について語っている箇所は意外と少なく、九節程度である。そのなかで比較的大きく取り上げられているのは、一五一節である。ここでは、「人倫」は、「諸個人の一般的な行為の仕方」として現れるが、この行為の仕方が「習俗」（Sitte）とされる。《ノート1》で述べた「愛国心」などは、国家という人倫における行為の仕方としては、最高の「習俗」であるだろう。また、「習俗」は欲望などの「第一の自然」に代わって立てられた「第二の自然」として規定されるが、それは第二の自然が、第一の自然を否定し、「他者と共同するもの」として高まったあり方であるからである。だから、「習俗」とは、家族、市民社会、国家という人倫のレベルに応じた「他者との共同の仕方」でもある。「習俗」はこのようなものであるから、人倫において「諸個人の生活を貫く魂」、「諸個人がそこに存在することの意義と現実」であるとして、最高の評価を与えられる。また、「習俗」はそのようなものとして、「諸個人の習慣」とも、「生き生きと現存する精神」とも規定されている。私は、ヘーゲルが「教会」をこのような「習俗」を形成する場であり、またそれが現れる場であるとも考えていた、と思っている。

なお、『精神現象学』では、精神章の冒頭、「神々の掟」と「人間の掟」を論じるところで「前に見出される現実」としてSitteが語られている。

また、金子武蔵氏は前掲書で「この手記（『民族宗教とキリスト教』と題される断片）に於てヘーゲルが真実の宗教が如何なるものであるべきかを考察し始めるに当って、我々の注目を惹くことは、彼がそれを民俗《ジッテ》として取り上げて居るということである」（一七頁）と語り、元来ヘーゲルには、宗教をジッテとして捉える考え方があったことを指摘している。

(28) ルソーの『社会契約論』については、「世界の名著」30巻、『ルソー』（中央公論社、昭和四四年）を使用した。引用に際してもこれを参考にし、その頁数を付した。

(29) ヘーゲルは古代ギリシアの宗教とオリエントの宗教を、精神の覚醒が見られる自由の宗教と、精神が埋没した隷属の宗教として明確に区別するが、ルソーはほとんど区別していない。

(30) 次章でも触れるが、ヘーゲルがカントは国家について何も知らないと語るとき、ヘーゲルの脳裏にあった原始国家は、家父長的な部族長や民族の長によって統治されている国家であったが、そうした国家はその民族の宗教が支配する国家でもあった。

(31) 金子武蔵氏は前掲書で、ヘーゲルの民族宗教の特質として、「民族宗教は実生活から遊離したものであってはならぬ。実生活のあらゆる要求が、公共的なる国家活動がこの宗教に結びつく」（二七頁）と語り、民族宗教におげる国家と宗教の固い結合の側面を指摘している。さらに「ヘーゲルはギリシャ宗教を以て民族宗教の模範とした」（同上）と語る。もちろん、ヘーゲルはこの結合がもつ「かたくなさ」を「実定性」（Positivität）として批判し、この立場から離れていくことになる。

(32) 藤田正勝氏はその著『若きヘーゲル』（創文社、昭和六一年）において、「民族宗教」を論じている箇所で、ルソーの「市民の宗教」を取り上げている。そこでルソー『社会契約論』の基本は「国家と宗教の分離に反対」であるとしつつも、「市民の宗教」は「民族宗教」がもつ国家と宗教の結合の悪しき形態、つまり「(「市民の宗教」においては) 誤謬と虚構が支配し、空虚で外的な礼拝が国民に強制されている」（三六頁）として、ルソーはこれを採用しないと明確に述べられている。

(33) R・N・ベラー『社会変革と宗教倫理』（河合秀和訳、未来社、一九七三年）三五〇頁。

(34) 同上、三七二頁。

第3部　ヘーゲル政治哲学の現代的意義[1]

第1章　〈序〉

一時期、ロシアは死んでいるように見えていたが、近年息を吹き返したようである。そのロシアの膨張政策に対して、EUは一致して対抗しようとしている。その一例としてグルジア問題への関与が挙げられるであろう。EUはなぜ、その本来的圏域から少し離れたグルジア問題に関心を示し、ロシアの南オセチアに対する軍事行動（二〇〇八年）を厳しく批判するのであろうか。また、最近ではウクライナおよびその南部クリミア半島でのロシアの動き（二〇一四年）に対しても、EUは厳しく糾弾する。そうした批判を石油や天然ガスなど資源の争奪戦という局面から理解することも可能であるし、またその可能性は排除できるものではない。しかし、EUのロシア膨張政策・防護政策に対する批判は、それとは異なる文脈からも理解できるのではないだろうか。あるいは、その文脈から理解しなければならないのではないだろうか。

このような事態に対して、「新たな冷戦」という名称がしばしば使用されるようになっている。どうも、旧二〇世紀版「冷戦」が復活しつつあるのだろうか。しかし、「新たな冷戦」は「古い冷戦」とは異なる様相をもっている。すなわち、「古い冷戦」においては、資本主義国対社会主義国というイデオロギーに起因するシステム上の対立、またNATO対ワルシャワ条約機構という軍事上の対立が存在した。さらに、両陣営がアメリカとソ連というボス的支配構造をもっていた。しかし、「古い冷戦」の崩壊後、こうした構造は消失することになる。例えば、ソ連を頂点とする東側陣営は、それまでの体制、すなわち社会主義という経済の仕組みや、一党独裁という政治の仕組みを放棄した。そしてそれに伴って、ソ連（支配）と東ヨーロッパの諸衛星国（被支配）という関係は崩壊したように見える。またそれだけに止まらず、ポーランド、ルーマニア、ブルガリア、ハンガリー、チェコ、スロバキアなどの旧衛星国だけでなく、ソ連を形成していたバルト三国までソ連から独立し、しかもそれらはすべてEUに加盟してしまった。これに対して西側陣営に生じた大きな変化は、EUが形成され、世界の第三の極として大きな存在になったことである。

二〇世紀最後半に起こった先述の大きな変化によって、資本主義と社会主義という体制的対立は消滅してしまった。現在では、ロシアもEUもアメリカも、自由な国内（圏域内）市場をもっている。またそれらは政治的には一応議会制民主主義という仕組みを採用している。とすれば、EU・アメリカ対ロシアという「新たな冷戦」の対立軸とは、いったい何なのだろうか。「古い冷戦」のように明確な対立軸があるのだろうか。それとも単なる経済的利権を巡る争いなのだろうか。たしかに新しい対立軸はさまざまに描けるとしても、そしてまた新しい対立は古い対立ほど明確ではないにしても、ある程度鮮明な対立が描けるのではなかろうか。つまり、ＥＵが実現しつつある国家連合の形態と、ロシアが目指している国家連合の形態との間には相当の乖離があるように思われる。我々にはロシアを頂点としたＣＩＳ（独立国家共同体）体制は、以前のソ連と衛星国という古典的関係の残滓を残しているように見える。そうでないなら、二〇〇八年八月のＣＩＳからのグルジア脱退はなかったし、ハンガリー動乱やプラハの春の弾圧を思い起こすようなグルジア侵攻もなかったであろう。また最近のウクライナのロシアからの離脱運動もなかったのではなかろうか。このように「新たな冷戦」の根本には、国家連合のあり方についての考え方の違いがあるのではなかろうか。従って、次章での我々の考察の対象は、この「国家連合のあり方」ということになる。思うに、国家連合という形態は現代において突如として出現したわけではない。本論の目的は、まずはＥＵにおいて示されている現代の国家連合を、カントやヘーゲルを通じて、つまり近代ドイツの政治哲学史の文脈で捉えなおしておくことである。

第2章 〈カントとEU（ヨーロッパ連合）〉

ここでは、まずEUの連合のあり方について簡単に触れた後で、それに対するカント哲学の影響を考察することになる。

1節 ［EUの加盟要件］

現在EU加盟国は二八カ国（二〇一三年七月にクロアチアが加盟し二八カ国になった）。もちろん、EUには加盟要件があり、その要件は一九九三年六月コペンハーゲンで開かれた欧州理事会で確認され、同年一一月に発効している。その加盟要件は欧州理事会の開催地の名を採って「コペンハーゲン基準」と呼ばれている。コペンハーゲン基準は以下の四項目に大別される。

① ［地理的要件］
ヨーロッパの国であること。

②［政治的・法的要件］
法治国家、民主主義、基本権および人権の保護、また少数派の保護を保障する安定した制度を有すること。

③［経済的基準］
市場経済が機能していることと、ＥＵ内の競争力と市場力に耐えうること。

④［ＥＵ法の総体系の受容］
ＥＵの政治目標と経済・通貨同盟の目標に従い、またＥＵ法の総体系を受け容れること。

上の①から④が加盟要件であるが、①の地理的条件は自明なこととして外され、②から④の三要件が加盟要件とされることが多い。しかし、モロッコからの加盟要求は①の要件に基づいて拒否されたことを考えると、暗黙の自明の加盟要件と見なすことができるだろう（但し、ヘーゲルにおいては北アフリカも小アジアもヨーロッパと考えられていたのであるから、①の要件は必ずしも自明でない部分も含んでいる）。また、②の少数派の保護や③は、ＥＵが中欧、東欧に拡大する際に付け加えられた新しい条件である。これらはフランス、ドイツ、イタリア、ベネルクス三国の原加盟国、およびイギリス、デンマークなどの旧西側諸国には必要のなかった条項である。このことからしても、ＥＵが新規加盟国に対して明確な「国家の品格」を課していることを、はっきりと読み取ることができる。すなわち、その国家の品格とは、政治的には基本的人権を尊重する民主主義国家であり、経済的には自由な市場をもつ自由主義国家である（ＥＵ加盟問題については、《ノート５》参照）。このようにＥＵは加盟申請国に対して、厳しい基準を課している。このような厳しいが当然の加盟基準を課すことが、連合の成功に直結していると考えられている。

《ノート５：友からのＥメール、トルコのＥＵ加盟問題が意味するもの》

啓蒙化された現代国家は、多元的な価値を承認すべきであろう。それこそ啓蒙的価値の指示するところであろう。ある国家が多元的価値を承認するということは、多様な宗教を承認するということでもあろう。基本的人権を認め、自由と平等の実現をめざす民主主義国家は、当然多元的価値、多様な宗教の存在を承認することになろう。しかし、国家と宗教の分離を採用しているヨーロッパ諸国においても、原則として多様な宗教を認めながら、実際の運用（例えば、移民問題やイスラム国家のＥＵへの加盟問題）においては、それとは逆の政策を採らざるをえなくなる困難な問題を抱えている。一つの国家が多様な宗教を認め、国家内に多元的価値を等しく混在させることは、まさしく「言うは易く、行うは難き」ことなのである。二〇〇四年に沸き起こったトルコのＥＵ加盟問題が、その難しさをあらわにした。ここで、この難点について触れておきたい[2]。

生命倫理学の比較研究のための科学研究費を獲得した私たちは、これまでも度々、本文の中に登場したルートヴィヒ・ジープに正式の研究協力者になるよう要請した。私が要請状を電子メールで送ったのは、二〇〇四年五月二日であった。その前日はEUが二五カ国に拡大した日であり、それに相前後してEU拡大関係の特集番組がBS放送を中心に組まれていた。私は要請文の後に、それより若干長めのEU拡大についての感想を書き記した。例えば、拡大によってEUは困難な問題を抱えるようになるとしても、拡大は大きな進歩であるとか、アジアにはとても無理であるとか。このような私の感想に対して即日添付ファイルで送ってくれたのが、後で扱われる『ヘーゲルとヨーロッパ』という小著である。(3)

私は添付ファイルにざっと目を通し、これはおもしろいと思った。我々日本人はEU統合の哲学的基盤について、全く知らないと言ってよい。しかも、ジープはEU統合の運動をヘーゲル哲学の視点から捉えてくれていた。出版社から訳出の許可を得た私は、それを伝えるメールを、あるやっかいな問題についての質問と共に送った。「トルコのEU加盟についてあなたはどう思うか」と。

この質問についてもジープはすぐに極めて率直に答えてくれた。私はこの内容を日本の読者にも伝えたいと思ったが、あまりにも率直な思いが語られていたので、このまま直接外に出してはまずいと考え、「どう扱うべきか」をジープに打診した。以下で訳出するのは、これなら構わないということでジープが整理して送ってくれたメール（二〇〇四年五月）の一部である。

「トルコに関して言えば、私はトルコをヨーロッパの法治国家の条件（人権、民主主義、権力分立、社会保障、宗教的多元主義）の下でなら、EUに迎えいれることを認めるにやぶさかではない。それどころか、

（もしもトルコがキリスト教ヨーロッパの世俗化された遺産を引き受けるのであれば）トルコのEU加盟を少しはヘーゲルでもって正当化することもできる。たとえ、ヘーゲルが当時オスマントルコをヨーロッパの一部として理解していなかったことは確かではあるとしても。歴史的に見れば、小アジアは古代ギリシアの一部であるし、アナトリアは初期キリスト教の中心地域である。さらに、イスラム文化はヨーロッパの歴史において（スペイン、シシリア、バルカンで）重要な役割を演じた。しかしながら、キリスト教徒である多くのヨーロッパ人は、世俗化されたイスラム国家ですらヨーロッパに加入することを認めたがらない。現在では数百万のイスラム教徒がヨーロッパで生活しているというのに。私にはトルコの加盟はキリスト教とイスラム教との文明の衝突（ハンチントン）を避けるチャンスであるように思われる。[4]」

ジープはここでトルコのEU加盟を原則的に認めている。ただし条件付きで。その条件とは何か。それは「キリスト教ヨーロッパの世俗化された遺産」をトルコに導入することである。その世俗化された遺産とは何か。それが、人権、民主主義、権力分立、社会保障、宗教的多元主義であり、啓蒙思想の中に含まれていたものである。この条件は、先に述べた「EUの加盟要件」の第二にあてはまり、西側先進国では一応実現されていると考えられている。トルコは「世俗化されたイスラム国家」であるから、多くのイスラム国家と違って、政教分離の国である。それなら、政教分離を国家の原則としたヘーゲル哲学からも、トルコのEU加盟は正当化できる。

だが、多くのヨーロッパ人がトルコのＥＵ加盟に否定的である。周知のように、ほとんどのヨーロッパ人はキリスト教徒である。キリスト教徒にとって、もっとも問題であるのはイスラム教というよりは、イスラム教徒がそれに従って生きているイスラム教的習俗である。礼拝時間や礼拝方向の厳守、ラマダン、豚肉を食すことなどの厳禁、さまざまな女性差別や女性蔑視、戒律が生き方として現れているこうしたイスラム教的習俗、これらはキリスト教的習俗とは全く異なっている。だから、多くのヨーロッパ人はイスラム教徒が嫌いであり、よってトルコのＥＵ加盟には否定的になる。

現在、ヨーロッパでキリスト教とイスラム教が対立しているのではない。キリスト教の習俗とイスラム教の習俗が対立しているのである。ジープが危惧している、文明の対立が現に存在しているのである。対立関係にある二つの習俗をハンチントンの言う「衝突」ではなく、「和解」へもっていくことが要求される。だからトルコがＥＵ加盟申請をした二〇〇四年こそ、「和解」へ至るチャンスであるとジープは説いた。しかし、二〇一四年現在トルコのＥＵ加盟は実現していない。まだ、時期尚早として据え置かれたままである。習俗の違いを乗り越えていくことが、人類にとっていかに難しい問題であるかが、トルコのＥＵ加盟問題からよく理解できる。

2節　［ＥＵの加盟要件とカントの平和論］

さて、カント哲学を基本において「平和」を哲学的に考察しているフランクフルト学派のマティアス・ルッツ＝バッハマンは、「軍事力による威嚇および予防的軍事力行使——国際公法に対する挑戦」という論文で、「連合」に関して極めて興味ある報告を行っている。彼はこの論文で、「国際公法に対する六つの挑戦」を論じている。それを論じるに当たって、彼は以下のような論述をテーゼとして採用する。

「カントはその議論において正当な根拠に基づいて、共和国だけが彼の提唱する平和諸国の国際的連合に属することが許されるということを前提としていた。つまり専制国家や不正な国家はそのメンバーとはなりえない。これに対し、国際連合憲章は共和的国家秩序を持つか否かを加盟国の要件としていない。(5)」

第二次世界大戦後の国連設立において、国連加盟の要件として「内政上のいかなる民主的秩序をも要求しないというこの決断」は、ルッツ＝バッハマンによるとともかくにも国連および安全保障理事会が創設され、国連が政治的成功を収める根本条件であった。しかし、まさしくこの同じ条件が「国際公法への挑戦」という「意図せざる結果」を招くことになると、彼は指摘する。彼の指摘は加盟要件として「民主的秩序」を要求しない国連の基本構造が、現在の国際社会に危機をもたらしていると読むことができる。先述したように、それとは逆に厳しい加盟要件を課しているEUは、相対的により良質の構造を有していると言える。ルッツ＝バッハマンの指摘によれば、EUが課しているような

「内政上の民主的秩序の要求」を平和構築の基本というよりはむしろ絶対不可欠の前提条件として提案したのは、他ならぬカントであった。

ここで「連合」、カントにあってはそれは平和のための連合であるが、ともかくも「平和連合」についてカントが『永遠平和のために』で何を語っているか、当該箇所を簡単に検討しておかなければならない。カントは「永遠平和のための第一確定条項」として、「各国家における市民的体制は、共和的でなければならない」（K. W. VIII, S.349、訳二八頁）[6]を掲げている。共和的体制とは、カントによれば「自由」、「法への服従」そして「平等」という三原理に基づいて形成されている体制である。また、この体制は統治権と立法権の分離を伴っている統治形態である。そして、こうした体制こそ、「根源的契約の理念」（die Idee des ursprünglichen Vertrags）が要求するものであるとされる。三つの原理で示される根源的契約の理念こそ、人間の社会形成における目標として働くべきであると、カントは考えるのである。[7]もちろん、カントはこうした三つの原理に基づいて形成される体制は、たんに理論的要請であるばかりでなく、それこそが現実的にも戦争をしにくくする力、戦争を防止する力をもっていることを認めている。

さて、カントは「永遠平和のための第二確定条項」を「国際法は、自由な諸国家の連合制度に基礎を置くべきである」と定義する。この第二確定条項の意味は、次の論述から明らかになろう。

「各民族は自分たちの安全のために、それぞれの権利が保障される場として、市民的体制と類似した体制に一緒に入ることを他に対しても要求でき、また要求すべきなのである。」（K. W. VIII, S.354、訳三八頁）

各民族は根源的契約に基づいて、三つの原理を実現すべく自分たちの国家体制を形成していくのであるが、カントによればそのような国家体制形成を他国にも要求できるのである。というのも、それは各民族、各国家の「安全」のために必要なことであるから。他国が三つの原理を尊重しない国であれば、各国は自国の安全に対して大きな危機感をもたざるをえないであろう。このようにして形成される諸国家の「連合」は、当然三つの原理を基盤にして形成されるのであるから、「連合」の原理となる「国際法」も三つの原理を反映したものとなるだろう。以上のようなカントの論述から、先述したEUにおける三つの加盟要件の要求は「連合」のために必要不可欠であるということ、しかもこの要求は理論的にはカントの『永遠平和のために』に基礎を置いているかのように見える。

3節　［カントの「連合」論］

カントは「根源的契約」に基づいて「平和樹立」を要請する。すなわち、平和状態は自然状態ではない。自然状態とは敵対行為によってたえず脅かされている状態であるから、この状態から平和状態（共和制）へ移行しなければならない。その移行が「平和を創ること」である。その移行は、当面の平和的国内体制の樹立から、平和的国際体制の樹立へと展開しなければならないのであるが、カントが提唱する平和的国際体制は世界統一国家ではなく、諸国家の連合である。カントは先の引用文に続いて、

「これは国際連合（Völkerbund）と言えるが、しかしそれは当然諸民族合一国家（Völkerstaat）ではないであろう。」（同上）

と続ける。「根源的契約」から各国民の自由や平等を保証する平和的国内体制へという発展系列は、各国の自由や平等を保証する平和的国際体制の設立へとアナロジカルに推測していくことができる。しかし、カントにあっては、そのアナロジーは決して世界的統一国家の形成を導かないのである。以下の論述にその理由を窺がうことができる。

「平和連合（Friedensbund）とでも名づけることができる特殊な連合が存在しなければならないが、これは平和条約（Friedensvertrag、平和契約）とは別で、両者の区別は、後者がたんに一つの戦争の終結をめざすのに対して、前者はすべての戦争が永遠に終結するのをめざすことにある、と言えよう。この連合が求めるのは、なんらかの国家権力を手に入れることではなくて、もっぱらある国家そのもののための自由と、それと連合したほかの諸国家の自由とを維持し、保障すること

であって、しかも諸国家はそれだからといって、（自然状態にある人間のように）公法や公法の下での強制に服従する必要はないのである。」（K. W. VIII, S.356、訳四一二頁以下）

カントがめざすのはあくまでも「連合」である。それは、戦争の都度結ばれる一回限りの平和条約ではない。平和連合こそ永遠の平和を保障する可能性をもっている。しかし、その連合は諸国家を統一する権力をもつものではない。なぜなら、そのような権力が存在すれば、諸国家は強制に服従することになり、それによって諸国家の自由は損なわれてしまうからである。諸国家の自由を損なうことなく、平和を維持し保障するのが「平和連合」なのである。ここにカント平和論の一つの特徴がある。しかし、それは同時に、強制権なき「連合」の脆弱性を示してもいる。

先述したように、カントの平和連合構想の中には、一つの共和国から一つの世界共和国へと向かうカントなりの想定があるように見えるが、カントはそれを採用していないのである。カントにとっては、一つの共和国の形成は、その構成員の自由の保障であるが、一つの世界共和国の形成は、その構成国の自由の制限であった。従って、カントにあっては決してアナロジカルに一つの共和国から、一つの世界共和国への導出が想定されているわけではないのである[8]。

しかしながら、こうしたカント平和論の特徴は、「永遠平和のための第二確定条項」のなかで語られていた「市民的体制と類似した体制に一緒に入ることを他に対しても要求でき、また要求すべきなのである」に矛盾するのではないだろうか。なるほど、他国への強制は他国の自由を拘束することになる。しかし、ここで他国に「要求されている」のは、他国が共和的になること、つまり自由になること、平等になることであり、これは決して他国の自由の拘束ではない（周知のように、カントは「連合」への自由な参加と脱退の権利を認めている）。従って、「永遠平和への期待にそった体制」である共和制の要求は、平和連合を可能にするための自由な独立国家形成の要求であり、世界統一国家の要求とは明確に区別されるものと考えなければならないだろう。カントの国家連合論がこのように解釈できるとすれば、EUの加盟に当たって各独立国が三つの加盟要件を要求されることも、カントの平和論から導かれると言っても過言ではないだろう。

4節　［ルッツ＝バッハマンの視点］

ルッツ＝バッハマンは前掲の講演論文で国際法への六つの挑戦を述べている。例えばその第一の挑戦は、国連の内部構造に由来する。すなわち、安全保障理事会常任理事国が有する「拒否権」によって、「（ユーゴスラビア、ソマリア、最近ではシリアへの）緊急の国際紛争のケース、起こりつつある危機、あるいはすでに起こっている軍事衝突、戦争、深刻な人権蹂躙」に対処できないという「構造的欠陥」に由来する「国際公法への第一の内的挑戦」である（前掲講演論文、訳一〇頁）。その後、彼は国際法へのいくつかの挑戦に触れた後で、第六の挑戦としてカント政治哲学が「要請している」事柄として「他国への共和制の要求」を総仕上げとして取り上げる。そして、カントの理論に照らして「内政改革と民主的政体」を要求される国家を、ロールズのタームを借りて「正当性を欠いた法秩序」、「不法な政体」と名づけ、次のような自説を展開している。

「これらの（不法な政体と呼ばれる）国家が形式上は正当かつ完全に国連加盟国として認められるとしても、このような政府が国際公法の規範的合意およびその目的、つまり実際に機能するグローバルな平和秩序、交戦権の禁止、および人権の擁護を十分かつ完全に尊重することはないと十分予想できる。このことから帰結するのは、このような政体のうちいくつかは、与えられた状況のもとで戦略的利益を得ようとする場合に、国際的法秩序を侵害する可能性があるということである。それゆえ、内政上の民主主義が欠けていることと国際法遵守がなされていないこととの相関関係についてのここまでの分析が正しいとすれば、中国やロシアのような安全保障理事会常任理事国ですら同様の（不法な政体と呼ばれる）国家に属することになる」。（同上訳一一頁以下）

最近の中国における尖閣諸島や南シナ海問題（国内問題ではあるがチベット問題も含む）、ロシアにおけるグルジア問題やウクライナ問題を勘案するなら、ルッツ＝バッハマンが指摘するように両国とも自国の利益を確保するために国際法を犯す「不法な政体」ということになるだろう。もしそうであるなら、カント政治哲学が要請するような両国への「共和制の要求」、「内政改革」を、国連ないし国際社会は要求しなければならないのではないだろうか。彼はこのことを提案していると思われる。いずれにしても、彼はコペンハーゲン基準に見られるEU基準を、国連基準に適用することの必要性を唱えていると言えるだろう。

第3章 〈ヘーゲルとEU〉

ここでは、まずヘーゲルが国家間の関係をどのようなものと考えていたのかを『法の哲学綱要』(9) 国家論、とりわけ「対外主権」の章を中心に考察したい。

1節 ［ヘーゲルにおける国家体制と諸国家間の関係］

ヘーゲルは国家の理想の姿を、前章で述べておいたように『法の哲学綱要』二七八節で語っている。そこでは、これまで幾度か述べてきたように、国家の理想の姿が人間身体の理想状態に仮託して語られる。つまり、全体としての身体と部分としての臓器の関係が有機的に連携している状態が人間身体の理想状態であるが、これと同じように国家の諸契機が国家全体の「分肢」(Glied) として存立しているような状態が国家の理想状態である。ヘーゲルは国家がその諸契機を全体へと統合する働きを「国家の自己への否定的関係」(PdR., 三二三節) と呼ぶ。国家は、言わばこのような「求心化作用」によってそれ自身で自立的に存在している。ヘーゲルにおける国家間の関係とは、このような自立的諸国家間の関係である。

「個体性（としての国家）が他の諸国家への関係として現れるときには、排他的自独存在（ausschließendes Fürsichsein）として現れる。――こうした自立性において、現実的精神である自独存在は現に存在するものとなっているのであるから、このように自立していることが国民の第一の自由であり、最高の栄誉である。」（PdR., 三二二節）

ある国家が自立的で現実的であるのは、他の国家と異なっており、あるいは異なったものとして他国を排除する限りである。自立（Selbständigkeit）と排除とは同義である。しかも、国家が自立していることが、国民の自由の前提とされる。ヘーゲルにとっては自立した個別国家こそ「地上での絶対的威力」（PdR., 三三一節）であり、それらの国家同士の関係は基本的には排除関係であった。しかしながら、排除は自立の裏面であるということ、それと同時に自立は排除の裏面であるということを、我々は確認しておかなければならない。このように自立としての国家のあり方から、排除としての国家間の関係のあり方が規定されるのであるが、そのことは『法の哲学綱要』そのものの構成からも窺がうことができるだろう。すなわち、ヘーゲルは「人倫」の第3章「国家」のA「国内法」のなかでI「国内体制」を論じ、それに続いてIIで「対外主権」を扱っている。普通に考えれば、次のB「国際法」で「対外主権」を扱うのが妥当であろう。だがそうはせずに「対外主権」をA「国内法」で「国内体制」

とともに論じたのは、対外主権が国内体制の存立と不可分であったからである[10]。

しかしながら、先述の自立と排除の関係は、諸国家の相互依存の関係を隠蔽している。諸国家は自立のために他の国家を排除しなければならないが、それは逆から見れば諸国家は排除しなければならない他の国の自立を前提にしているということに他ならない。ここに国家と国家との「相互承認」(die gegenseitige Anerkennung)の問題が浮上する。イエナ期全体を通じて発展してきたヘーゲルの承認論[11]は、イエナ期最後の著作『精神現象学』自己意識章で完成する。ある自己意識は他の自己意識の承認によって存在を得る。また、その逆も真である。相互承認なしにはそれぞれの自己意識、主観は存在しえない。「法の哲学」では、「精神現象学」の自己意識的主観同士の関係が、国家間の関係へと発展する。

「国家は他の国家に対して主権的独立性をもっている。主権をもった自立的なものとして他の国家に対して存在すること、すなわち他の国家によって承認されていることが、国家の正当性の絶対的根拠である。――個人が他の人格との関係なしには現実的人格でないのと同様に、国家も他の国家との関係なしには現実的国家ではない。」(PdR., 三三一節)

諸国家は独立の主権を持った存在として相互に排除しあうが、その裏面で独立の主権をもった存在として相互に「承認」しあっているのである。それによって諸国家は「現実的国家」となる。ここで国家間の関係は単純な排除関係ではなく、その関係の基礎に「承認」関係があることは明らかであろう。

承認関係なしには、諸国家は「正当性」をもたないのであるから、そこには排除的関係も生まれないのである。だが、一口に「承認」と言っても、諸国家はいったい何を承認するのだろうか。

「国家が国家として実際に絶対的に存在するものであるかどうかは、国家の内容、体制、状態次第である。だから承認はいずれにしろ他の国家の意図と意志に基づいているのだが、承認は両者の同一性を含むものとしてある。」（同上）

諸国家は独立した主権をもっている。この国家主権を担っているのが「君主」である。君主は国家を代表し、条約や協定を締結するし、破棄もする。国家をこのように考えるヘーゲルにあっては、国家とは「立憲君主制」としての国家である。国家間の承認の対象になるのは、「国家の内容、体制、状態」である。ここでヘーゲルは慎重に「承認は両者の同一性を含む」と語っているが、これは少なくとも諸国家の間に「国家の内容、体制、状態」において同一のものがあると各国家が認めなければ承認が成立しないということを意味していると考えることができる。そうだとすれば、カントが第二確定条項で、他国に「共和的体制を要求」したように、ヘーゲルも他国の承認に当たって他国に「立憲君主制」が成立しているか、あるいは「国内体制」でヘーゲルが是認しているヘーゲル流の三権分立を形成しているかというようなことを他国に要求してよいと考えているのだろうか。これは極めて興味深い論点ではあるが、結論から言えば、ヘーゲルは決して他国への要求を積極的に述べてはいない。結局どのような国家を形成するかは他国の問題であり、そこに「介入してはならない」というのがヘーゲルの基本的立場である。

「国家の正当性、より詳しく言えば、国家が国外へと向かっている限りでは、国家の君主権の正当性であるが、この正当性は一方でまったく内へ向かって関係する関係であり（国家は他の国家の内的事件に介入すべきではない。：ヘーゲル自身による註釈）、――他方でそれと同様に国家の正当性とは他の国家の承認によってより完全なものにされなければならない。」（同上）

どうも承認には「内的」と「外的」の二つの承認があるようだ。前者が国家内部での承認。後者が国家間の承認である。国家の正当性はこれら二つの承認によって成り立つ。前者は国家内部で国家体制が承認され、国家の各機関が「分肢」として機能しているかどうかということになろう。ヘーゲルにあっては、これらは基本的に当該国家の内部問題であって、他の国はその内部問題に介入してはならないというのが基本的立場である。その点で「他国への要求」を勧めるカントとは大きく異なっていると言わなければならない。後者は国家内の承認に外から「お墨付き」を与えることによって、承認を完成させる働きを担っている。二つの承認がなければ、国家は国家として存在しえないのである。ここで国家間の承認を纏めておこう。

「他国による承認は、その国家を承認することになる他の国々を同様にその国家が承認するという保証、すなわちその国が他の国々をその自立性において尊重するであろうという保証を要求する。そういうことだから、その国の内部で起こることが他の国々にとってどうでもいいということはありえないのである。」（同上）

ここでは各国間の承認の「相互性」が明確に打ち出されている。またそれと同時に、承認の相互性に付随することとして、他国の内部事情に無関心であってはならないことが主張されている。但し、ヘーゲルにあっては、先述したように他国の内部事情には介入しないということが基本であり、これは積極的に他国の内部に関わるということを意味するものではないであろう[12]。

2節　［ヘーゲルの戦争観］

(i)［ヘーゲルの戦争観］

ヘーゲルの戦争観は悪名高い。ヘーゲルは戦争を肯定しているどころか、戦争の効用を積極的に認め高く評価すると同時に、戦争の必然性を力説する。ヘーゲルの戦争観は一般にはこのように流布されており、それはそれで決して間違ってはいない。このように流布されているヘーゲルの戦争観は、先述した国家のあり方に基づいているのであるが、ここでは悪名高いヘーゲルの戦争観のツボを押えておきたい。

ヘーゲルにとって、国家は市民社会＝利益共同社会ではない。すなわち、その最終目的は決して国民の生命と所有の保護ではない。国家の最終目的は「国家の独立性（Unabhängigkeit）と主権（Souveränität）の維持」（PdR., 三二四節）であり、それに参加することこそが「諸個人の実体的義務」であった。先述したように、国家は「地上での絶対的威力」であった。国家は国内的には自国民に国家維持の「絶対的義務」を課すという意味で「絶対的威力」であり、対外的には自国の絶対的「独立主権」を主張するという意味で「絶対的威力」であった。問題は、諸国家それ自身が「地上での絶対的威力」であるから、それを超える権力は存在しないというところにある。

「国家に対して、何が自体的に正義であるかを決定し、この決定を現実化するいかなる権力も存在しないので、こうした国家間の関係においては常に（法に従う）べきであるにとどまらなければならないのである。国家間の関係はお互いの間で協定を結ぶが、同時にこの協定を超えている自立的なものの関係である。」（PdR., 三三〇節補遺）

人格と人格の関係、これをヘーゲルは「道徳的私法的関係」と呼ぶが、そこには自体的な正義を決定し、その対立関係を調停する「法廷」（Gericht）がある。しかし、「絶対的存在」である国家にあっては、それら国家間の調停を行う上位の機関は存在しえない。だから、諸国家は基本的に「自然状態」（PdR.,

三三三節）にあるのと等しい。諸国家を超えた普遍意志は存在しえない。なぜなら、諸国家こそが絶対だから。諸国家はそれぞれの特性をもっており、その特性（その国の特殊意志）において諸国家は現実的存在となっている。だから、「国際法は諸国家間に絶対的に妥当すべき」という国際関係を支配する普遍的規定は、あくまでも「べき」（Sollen）にとどまっている。諸国家の正義は普遍的規定に従うことにではなく、自国の特殊意志に従うことに存しているのである。従ってヘーゲルが言うように、「諸国家間には法務官は存在せず、せいぜい仲裁裁判官と調停者がいるだけである」（同上）。各国家は自国の特殊意志を絶対的正義として主張する。このような状況では合意点を見出すのは、極めて困難である。ここにヘーゲルははっきりと戦争の必然性を打ち出す。

「それ故、諸国家の争いは、それらの特殊意志が合意点を見出さない限り、戦争によってのみ決着が着けられるのである。」（PdR., 三三四節）

ヘーゲルのような「主権論」を採用する限り、諸国家の合意点を見出すことは原理的に不可能である。とすれば、ヘーゲルの「戦争観」はヘーゲルの国家「主権論」のなかに最初から挿入されているのである。

さて、二〇世紀の大事件を除いて、ドイツ人に最も語り継がれている悲惨な出来事は「三〇年戦争」の経験であろう。ヘーゲルの論述のなかにもその臭いを嗅ぐことができる。三〇年戦争は、カントが

『永遠平和のために』を書いた直接のきっかけではないにしても、遠因にもなっているのではないだろうか。そうしたドイツ的経験のなかで、ヘーゲルは「戦争必然論」を展開しているのである。だが、ヘーゲルは戦争を「他人事の如く」あるいは「軽く」見積もっていたのではないか。次のような論述は、ヘーゲルの時代の実情ではあったとしても、そのような見積もりを許してしまう。ヘーゲルは三三八節で、戦争においても各国の「紐帯」(Band)は失われることはないから、戦争はいつでも「過ぎ去り行くべきもの」であり、戦争中であってもいつでも「平和の可能性」は残されていると述べている。そしてその後の講義で次のように語る。

「最近の戦争は人間らしく人道的に行われるのであって、個人が憎しみをもって個人に対抗するのではない。せいぜい前哨において個人的な敵意が入ってくるだけである。だが、敵意は軍隊としての軍隊においては、各人が他者を顧慮する義務よりは後退している何か不明確なものである。」(PdR., 三三八節補遺)

ヘーゲルが戦争と言うとき、そこでは中世の騎士の戦争が思い描かれているのだろうか。近年の手段も方法も選ばぬ殺戮戦争(広島、長崎への原爆投下、最近ではシリアでの化学兵器使用)を知っている我々には、ヘーゲルの言説はもはや遠い過去の夢物語にしか聞こえない。ジープは次のように指摘する。「ヘーゲルは科学技術の成果である大量破壊兵器を使用する戦争について、考えが及ばなかったということは自明である」[13]と。核時代の現代においては、ヘーゲルのこのような主張は何人とも受容しえないであろう。

ここでヘーゲルを擁護するわけではないが、ヘーゲルの戦争観についてのジープの論述を確認しておきたい。ジープによるとヘーゲルは戦争を三種に区分する。「宗教戦争」、「政治戦争」、「体制をめぐる戦争」である。「宗教戦争」とは、十字軍の戦争であり、新教と旧教との戦争である。「政治戦争」とはヨーロッパの領邦国家間の戦争である。法哲学の戦争についてのヘーゲルの論述を見ていると、ヘーゲルは「戦争」について語るとき、どうもこの「政治戦争」を念頭においていたのではないかと思われる。しかし、第三の「体制をめぐる戦争」はアメリカ独立革命やフランス革命以降の戦争であり、ヘーゲルの時代の戦争であるから、当然ヘーゲルの視野にも入っていたはずである。ジープはこの戦争を「他の民族を解放するという要求をもっている」戦争と位置づけている。そしてヘーゲルはこうした「解放戦争」、すなわち他国の内部に介入し、体制を改革するということを認めていたと結論付けている。「国民が結果的に自分たちの国家とその体制とを防御するのであれば、その戦争は他国に対する攻撃という限界をも超えてしまってかまわないのである。だが、それは最も進歩的な法秩序を他国にもたらすという目標をともなってのことなのである」[14]と。

先述したように、他国との関係において他国の内部問題に介入しないというのが、ヘーゲルの基本的立場であった。そうした立場はカントの第二確定条項と相容れない立場であった。しかし、ジープによるとヘーゲルはあたかもナポレオンのヨーロッパ解放戦争のような、他国の体制改革の戦争を認めていることになる。とすれば、ヘーゲルは戦争を通じての「体制変革要求」を掲げていると見ることもできる。だがよくよく考えてみれば、カントにおける「共和制の要求」は平和時のものであると同時に、「平和連合」へ向けてのものであった。我々としては、この点に両者の違いを見ることができる。因みに、カントの永遠平和のための第五予備条項は「いかなる国家も、ほかの国家の体制や統治に、暴力をもって干渉してはならない」（K. W. Ⅷ S.346、訳一九頁）である。カントの場合、他国への介入はあくまでも平和的介入であった。

(ii)［戦争の人倫的意義］

ヘーゲルは、戦争を肯定しただけではなく、また戦争の必然性を認めただけでなく、戦争に国家維持のための重要な「意義」を見出した。ここにヘーゲル悪名論の最も奥深い起源がある。ヘーゲルは戦争のもつ人倫的意義を次のように語っている。

「諸国民の人倫的健全さは、有限な諸規定の固定化に対して諸国民が無関心であることのうちに維持されるのである。それは風の運動が海を腐敗から守るのと同様である。持続する安寧が海を腐敗へと移し変えるように、持続的で永遠な完全なる平和が諸国民を腐敗へと移し変えるのである。――外に対する偶然的関係に含まれるものである戦争において現れる観念性（排他的方向）と、それに従えば内的な国家権力にとっては全体が有機的な契機となる観念性（求心的方向）とは、同一のものであるということは、歴史的現象においては、とりわけ以下のような形態において現れる。すなわち、首尾よく運んだ戦争は国内が不安定となることを妨害し、内的な国権を確固なものにしたという形態で現れるのである。」(PdR., 三二四節)

国家は他国を排除することによってその求心性を高め、求心化が進めば進むほど他国を排除するようになる。対外戦争が首尾よく運ぶとは、風が海に波を起こし澱んだ海水をかき混ぜ新鮮な海水に変えるように、弛緩した国内体制に反省を呼び起こし体制を締めなおすことに他ならない。ヘーゲルは引用文中で「人倫的健全さ」を「有限な諸規定の固定化に対して諸国民が無関心であること」と語っているが、それは次のような意味である。戦争を通じて国民にとって個々の特殊なもの、あるいは個々の特殊なものにしがみつくことは無意味で無価値であるということが自覚されるようになることを意味している。戦争は国民を人倫化する作用をもっているのである。人倫化とは国民が国家を自己自身の実体と自覚し、国家と一体化する働きである。ヘーゲルは時折「犠牲」という用語すら使用して、戦争が国民を真の国民に育てていく人倫的性格を明るみに出している。このように戦争のうちに効用を見出すヘーゲルは、はっきりと「戦争は絶対悪として考えられてはならない」(同上)と宣言する。『永遠平和のために』のカントにとって、戦争を究極的に廃止することが人倫的義務であったことと比較するとき、両者の大きな隔たりが浮かび上がってくる。

3節　［ヘーゲルのカント「平和論」批判］

シュネーデルバッハは「国際法」の章について「この章はカントの永遠平和というユートピアに対するヘーゲルの決定的反論を形成している[15]」と語っている。それはもちろんそうであるが、「国際法」の前の「対外主権」から、ヘーゲルの論述の基礎にあるのはカントの平和論であり、これに対する反論が展開の原動力となっている。以下では、ジープの論評を手がかりにしながら、『法の哲学綱要』のカント平和論批判を検討していきたい。

(i)［ヘーゲルのカント的国家連合批判①］

これまで見てきたように、ヘーゲルは個別国家の独立性を頑なに主張し、決して手離さない。だが、ヘーゲルの生きた時代にも個別国家を超えてヨーロッパ統合国家を形成しようとする動きはあったのである。そのような動きをヘーゲルは次のように語っている。

「多少なりとも自立的な国家を形成し、それらに固有の中心をもつ一つの全体性を形成することが望ましいと語る人々、――また、他の国家とともに一つの全体を形成するためにこうした中心点や自己の自立性を失うことこそ望ましいと語る人々――は、全体性の本性、およびある民族が独立していることによってもつ自己感情についてほとんど知らないのである。それ故、諸国家が歴史上登場してくる最初の権力は、たとえそれがまったく抽象的であり、それ以上のさらなる内的発展ももたないとしても、こうした自立性一般である。それ故に、家父長、族長等々の一人の個人が諸国家の頂点に立つということが、この原初的な現象（自立的国家の形成）に所属している。」（PdR., 三三一節）

ヘーゲルは引用文の後半で、国家の起源を説いている。それによると国家の出発点は、一つの民族（ein Volk）が形成する集団である。そうした集団の上に立つのは、家族の「家父長」であり、民族の「族長」である（もちろん、こうした家父長制や族長制は、「現実の歴史が始まる前」のことではあるが。PdR., 三四九節参照）。こうして形成される原始国家の特質こそ「自立性」である。より詳細に言えば、民族の自立性である。ヘーゲルは国家の本来的あり方を、この原始国家の中に見出し、その国家像を決して手離さないのである。そういう国家像を抱いているヘーゲルにとっては、有力国家を中心に形成される「大ドイツ主義などのドイツ国民国家構想」も、カントが描く「国家連合」も認められるものではなかった。ヘーゲルから見れば、それらの構想は「国家とは何か」、すなわち国家の出自を知らないのである。我々は先に述べた自立的国家像が、国家連合に反対するヘーゲルの論拠になっていると考える。もちろん、ヘーゲルの国家連合反対の基本的思想はそうなのであるが、ジープは若干異なる視点からもその基本思想を補強している。ヘーゲルは「国家論」に先行する「市民社会論」で経済社会の発展とグローバル化を論じている。しかし、それは経済発展と同時に、貧困・ルンペン化などの「共同体破壊的」事態を惹き起こす。こうした事態に対処するためにも「独立国家の強さ」が必要であるとヘーゲルは考えたというのである。もちろん、ジープが言うように「市場のダイナミズムが個別国家の限界を越えているということ」は、ヘーゲルも自覚していた。しかし、「十九世紀初めには、ヘーゲルはまだ、その影響は国家的通商政策および移住や植民地建設の試みによって食い止めることができると期待することもできた」と、ジープは結論付けている。[16]

(ii)【ヘーゲルのカント的国家連合批判②】

ヘーゲルは三二四節の《補遺》で、カントを名指して批判している。

「カントは諸国家の争いを調停するはずであった君主同盟を提案した。そして神聖同盟がおおよそそのような機関たろうとする意図をもっていた。しかし、国家は個体であり、個体性には否定（Negation）が本質的に含まれている。それゆえたとえある一定数の国家が一家族になるとしても、個体性としてのこの団体（Verein）は対立を新たに作り出し、そうして敵を産出しなければならないのである。諸国民はただ戦争から強化されて現れ出るだけでなく、自己のうちで相争っている諸国家が外国との戦争を通じて内的安定を獲得するのである。」（PdR., 三二四節補遺）

ジープによるとヘーゲルの時代にはヨーロッパ統合への二つの運動があった。第一の運動は「キリスト教的普遍君主国」というものをモデルにした「個別国家のないキリスト教ヨーロッパ」である。ここでは強力な「中央議会」が提唱されている。それに対して、第二の運動は、強い中央議会の代わりに、個別国家を残してヨーロッパ「連邦国家」を作ろうという運動である。第一の運動の提唱者はノヴァーリスであり、第二の運動の提唱者はサン＝シモンである。引用文にあるように君主同盟を提案したカントの構想を、ヘーゲルは少し強引に無理やり第一の運動に分類している。しかし、ヘーゲルは第一の運動どころか第二の運動さえも拒否する。(17) ヘーゲルは何故に、ここまで「個別国家」、「自立的国家」にこだわるのであろうか。

ここにはヘーゲルの歴史意識が介在している。第一の統合運動は、一八〇六年の「神聖ローマ帝国」の崩壊と共に終わったと言うのがヘーゲルの確信であった。「神聖ローマ帝国」とはまさしく一六四八年のウエストファーリア条約で再構成された統合的国家体制であるが、この国の崩壊の原因を、この国が本来「自立的個別国家」なら当然備えておくべき制度をもたなかったところに、ヘーゲルは見ていた。すなわち、神聖ローマ帝国は、「自立的個別国家」なら当然備えているべき共通の法秩序も、外敵に対する共通の防御体制も、帝国自体としての自前の国家財政ももたなかったのである。帝国の崩壊という経験は、ヘーゲルにますます「自立的個別国家」の正当性を確信させた。条約によって骨抜きにされた神聖ローマ帝国の国家体制は、まさしくフランスの宰相リシュリューの「狡智の結果」であった。そのことが明確になったのは、革命後強大になったフランスとの衝突を通じてであった。

帝国の崩壊を通じてヘーゲルが思い知らされたのは、フランスという強大になった「自立的個別国家」こそ、「ヨーロッパ的な国家理念の本来的担い手」（Siep1, S.16、訳五五頁）だったということである。

ヘーゲルは先の引用文の中で「自立的個別国家」の本質を「否定」（Negation）というタームで表現している。「自立的個別国家」は、そのうちにさまざまな異なる契機を抱えているが、その否定作用を通じて国内の諸契機を統合し、諸契機を分肢化する。その否定作用は国外にも及び、他国を統合し一つの統合体（Verein）を形成する。しかし、そうした統合体を作ったとしても、また即座にその敵を見出し、それと対立しなければならないのである。これを我々は、「自立的個別国家」の運命と呼ぶことができるだろう。カントにおける永遠平和のための第二確定条項「共和制の要求」を通じて、諸国が体制を同じくし、もって国家連合へと発展することは、「平和状態」へと接近することであろう。しかし、ヘーゲルにあっては、国家の統合は決してそうではありえず、新たな敵の創出であった。ヘーゲルにおいては、国家が国家として存在するということは、それに敵対する国家が存在するということと同義であった。敵対関係のうちにこそ、国家は自分自身の現実性をもっていたのである。ここではこの観点から、カントの平和論が批判されている。

(iii)「ヘーゲルのカント的国家連合批判③、あるいは「私たちの居場所」」

ヘーゲルはカントの平和論を、次のように批判している。

「国家連合（Staatenbund）によって永遠平和を築くというカントの考えは、国家連合こそがすべての争いを仲裁し、すべての個別国家に承認された威力としてあらゆる不一致を収拾するであろうし、戦争による決着を不可能にするであろうというものだが、こうしたカントの考えは諸国家の同意を前提にしている。（しかしながら）こうした同意は、道徳的、宗教的あるいはいかなる根拠や観点に基づくにせよ、総じてつねに特殊な主権的意志に基づいており、それ故偶然性にとりつかれている（カント的国家連合否定の理由）のである。」（PdR. 三三三節）

カントは「国家連合」が進めば進むほど、争いの種は減少すると同時に、中央議会の権限が強まり域内の争いを平和裏に収拾し、やがて戦争によって決着をつける必要はなくなるであろうと考えた。しかしヘーゲルから見れば、そうしたカントの考えは「自立的個別国家」という国家本来のあり方を知らないのである。例えば、中央議会を形成するにせよ、そこで何事かを決議するにせよ、連合する諸国家の同意が必要である。諸国家が諸国家であるのは、本節(i)で述べたような民族の歴史においてである。諸国家はそれぞれの民族の歴史を背負っている文化的国家である。そういう意味でそれぞれの国家は特殊意志をもっている。しかし、それぞれの国家がそれぞれの特殊意志をもっているのは、単にその国家の歴史性や文化的同一性だけではない。現代的に言えば、それぞれの国家の経済の発展段階は異なるのであるから、それぞれの国家の経済的要求にもそれぞれの特殊性が反映される。それ故、同意といっても偶然的同意であり、決して永続的なものではない。それぞれが特殊意志をもった国家間の連合は原理的に不可能である。このようにしてヘーゲルはカントの国家連合構想を一蹴する。そうであるなら、国家間の調停は結局戦争でしか行いえない。これが『法の哲学綱要』の論理である。ヘーゲルはこうして「調停」を人間を超えた力、すなわち「世界精神」(Weltgeist) に委ねることになる。「そこには調停を行う裁判官は存在しない。より高位の裁判官はひとり普遍的な絶対的に存在する精神、世界精神だけである」(PdR., 三三九節補遺)。ヘーゲルによれば、「世界精神の本性」はデルポイのアポロン神殿の碑文「汝自身を知れ」で表現されている。「汝自身を知れ」、すなわち「精神の自己把握、自覚」が「精神の法則」であるが、ギリシアに出現したこの思想は、ヘーゲルにとっては「自由」(自己意識的自由) の芽生えであった。第2部第3章で既述のように、人間精神の歴史は、ローマに継承され、ここで「平等」の精神が芽生え、次にゲルマン世界に引き継がれ、この自由と平等を完成するというのが簡単なヘーゲルの「世界史」(Weltgeschichte) である。とすれば、この世界史において世界精神は「調停」を遂行するということになる。それに対して、諸個人が世界史のなかでどのように歴史に参加するのかは、周知のように「理性の狡智」で処理される。

「諸国家、諸民族そして諸個人は、世界精神のこうした仕事においては、それらの限定された特殊な原理において現れるのであるが、この原理はそれらの体制やそれらがおかれている状況の全範囲においてその原理を開陳し現実化しているのである。諸国家、諸民族、諸個人はそのように開陳され現実化されたものを意識し、それらの利害に没頭しつつ、同時にあの世界精神の内的仕事

をそれと意識せずにその道具となり分肢となるのである……。」（PdR., 三四四節）

精神は「地理学的人類学的には」「一民族に一原理が帰属する」という仕方で存在するのであるが（PdR., 三四六節参照）、諸個人はそれとは知らないで世界精神の「道具」となって働き、世界精神の完成に参加する。もちろん、精神の「一原理を担った一民族」は自己の原理を実現しようとする。そのような精神活動を、ヘーゲルは「完全志向性（Perfektivität）」（PdR., 三四三節）と呼び、それを「汝自身を知れ」の属性とする。従って、諸個人は自分達の原理の実現・完成を目指し相争う。それが人間の宿命なのである。先の三三三節の引用文が語る、諸国家が特殊意志をもって自己主張し対立するということは、この文脈で考えられなければならない。対立と争いは必然的である。しかし、やがて世界史の調停を受け、あるものは滅びあるものは栄える。

カントの国家連合構想においては、調停を行うのは人間であり、政府機関、あるいは中央議会であった。しかし、ヘーゲルにあっては調停を行うのは世界精神であり、世界史である。歴史の過程でどんな悲惨が待ち受けていようと、世界精神が争いを調停し、「自由の実現」という歴史の完成へ向かって「人類は進歩していく」という歴史の歩みは、ヘーゲルにとって必然的なこととして理解されていた。しかしながら、現代は我々人間が「核兵器」という極限の「裁きの杖」をもってしまった時代である。つまり、我々人間は自らの手に自らを破滅させるものを手に入れたのである。人間はあまりにも巨大になりすぎた。こういう時代に、自らの「完全志向性」に基づいて自らの「特殊意志」を貫徹することができるだろうか。「特殊意志を貫徹することが世界史を完成させる」などとは、もはや語りえない世界に我々は到達しているのである。この到達地点が「私たちの居場所」である。つまり、我々はもはや、楽観主義的に「理性による人類の進歩」など語りえない時代に生きているのだと言ってよい。ジープは、ヘーゲル哲学がもっている、こうした歴史哲学的側面を以下のように断固として切って捨てる。

「われわれはもはや一七九〇年から一八三〇年のあいだに展開されたヘーゲルの歴史哲学をすべて採用することなどできはしない。とくにわれわれは、理性と自由の必然的進歩というヘーゲルの理論に対しては懐疑的になっている。」(Siep4, S.6、訳四七頁)

ヘーゲルに対する、このような批判的評価は、カントの平和論構想の評価を相対的に押し上げる作用をもっている。

第4章　〈ヘーゲル政治哲学の現代的意義〉

これまで見てきたように、ヘーゲルは基本的に国家統合については否定的立場に立っていた。この点をジープは次のように総括している。「ヘーゲルは共通のヨーロッパ国家を要求しなかったし、ヨーロッパの内部および外部の戦争でも、最終的に克服できるものとはみなさなかったように、彼はヨーロッパ統合運動の歴史のなかに本来入れられるべきではないだろう」(Siep4. S.7　訳四七頁)と。ジープのこの主張は、これまでの本書の議論を辿っていけば十分納得できるものである。とすれば、現代世界に対するヘーゲル哲学の意義はないのだろうか。そうではないだろう。「結び」としての本節ではこれまでも使用してきた『ヘーゲルとヨーロッパ』(Siep4と略記)とジープの弟子クヴァンテらが編集した『媒介と和解[18]』の巻頭を飾っているジープの論文「ヘーゲルにとってのヨーロッパの意義とヨーロッパにとってのヘーゲル哲学の意義、十のテーゼ[19]」を使用しながら、ヘーゲル哲学の現代的意義を考察する。因みに、第2部の註で記したように、ジープが所属する通称ミュンスター大学のある都市、ミュンスターはウエストファーリア条約が結ばれた由緒ある町であり、昔から「平和」についての研究が盛んである。

1節　［ヘーゲル政治哲学の現代的意義①］

ジープは第七テーゼ（Siep5）で、ヘーゲルの国家像を以下のように明確に規定している。(a) ヘーゲルの構想するヨーロッパ国家は「統一的単一民族国家」である。(b) それは「連邦制を内部に抱えた国家でも、国家を超えた国家」でもない。(c) ヘーゲルは決して「ヨーロッパ合一国家（Gesammtstaat）」を要求しなかった。(d) ヘーゲルにとって「個別国家こそが法や文化を進歩発展させる力」である。(e) このような力である諸国家は「競争し、暴力的に争わ」なければならない。(f) だから「戦争は克服不可能」であり、戦争は「国内団結のためには時に必要」である。以上の国家像はこれまで論じてきたことの総括でもある。次に第八テーゼでジープはヘーゲル国家概念の限界をもくっきりと示している。(g) ヘーゲル国家概念の限界は「主権在民の拒否」、「君主権の立法権に対する優位」、「普通選挙権の拒否」、「議会における国民代議の拒否」である。だが、ジープが第四テーゼで語っているように、「ギリシアのポリス、ローマ法、キリスト教、およびゲルマンの封建領主」という源泉から発展したヨーロッパ国家が、その国家目的としたのは「個人の権利の尊重（自由）と福利の促進（平等）」であった。ヘーゲルが国家目的としたのも、まさにこの両者であった。従って、先述したヘーゲル国家概念の限界である(g)がいかに「時代遅れ」で「人権の尊重」から外れているように見えても、それは「個人の権利の尊重と福利の促進」という二つの国家目的から要請されたものであったと、解釈したい。

ジープは第八テーゼで、ヘーゲルにおいては基本権の尊重が十分ではなかったと語ったその直後に、そこから翻って「ヘーゲルの国家の中には社会福祉国家性（Sozialstaatlichkeit）という重要な傾向がある」（Siep5. S.18）ことを指摘する。実は、この点にこそヘーゲル政治哲学の現代的意義が存している。ヘーゲル哲学の現代性を六項目に纏めた第十テーゼの4．は「所有や個人の独立という抽象的権利を、一方で社会的様式、もう一方で国家的様式を社会的に設え直すことによって保護する必要性への洞察」をヘーゲルの現代的意義として述べている。ヘーゲルは「市民社会論」で諸個人の欲望と欲望の自由な充足を承認する。その上に新しい欲望充足のための社会制度も生まれるのである。しかし、ヘーゲルはそれが多くの貧困層の出現などの社会矛盾を惹き起こすこともよく理解していた。理解していたからこそ、それに対応して社会を設え直さなければならないことを洞察できたのである。ヘーゲルの国家像にあっては、常に人権の尊重と福利の尊重が拮抗し、後者が重視されるときには前者に制限が導入されざるをえなかったと見ることも可能であろう。そこに(g)のようにヘーゲルの「限界」と揶揄される事態が生じる可能性も出てくるのではなかろうか。いずれにしろ、人権の尊重と福利の尊重がぎりぎりのところで共存している姿を、我々はヘーゲルの「社会福祉国家」構想のうちに見て取ることができるだろう。この構想の内に、ヘーゲル政治哲学の現代的意義がある。

ところで、歴史哲学のなかで、ヘーゲルはアメリカを「未来の国」と考えているが、アメリカに対して不満ももっていた。その不満をジープは次のように纏めている。「まだ国家形成途上にあったアメリカにおいては、国家は個人の私的利益を実現する道具として誤解された」（Siep1, S.18　訳五七頁）と。アメリカが「国家」というものを、どんなに矮小化して理解したかについて、もう少し詳しいジープの見解を示しておこう。

「グローバリゼーションという言葉の真実は、世界のアメリカ化に他ならない。アメリカには西洋社会の一員としてヨーロッパから引き継いだものがある。それは「権利」概念である。「権利」概念はおおよそ三つに区分される。①個人の自由（権）、②福祉国家が目指す社会的権利、③文化、環境、自然などの共有財に対する権利である。ジープによれば、このうちアメリカが引き継いだものは①の個人の自由権だけである。②についてはアメリカは遅れているし、③については議論の最中である。したがって、グローバル化の基準になるアメリカンスタンダードとは、①の自由権だけが肥大化したものである。[20]」

アメリカはヨーロッパがもつ国家理念のほんの一部しか継承しなかった。現代社会において最も重要な社会権（ここでは自然の権利などは少し横に置いておこう）については、全く顧慮しなかった。現代のグローバリゼーションは国家理念についてのこのような誤解に基づいているのである。それに対して、ヘーゲルはヨーロッパの国家理念を正しく継承し、時に異なるベクトルを示す二つの権利をぎりぎりの努力を通じて総合しようとしたのである。そのようなヘーゲルの努力を正当に評価する限り、「市場」

はホッブズの自然状態に見られるような我利我利亡者達の戦場であってはならず、「社会福祉国家的セーフティーネットをもった自由市場（Marktfreiheiten mit sozialstaatlichen Kompensationen）」（Siep4, S.18）でなければならないだろう。ヘーゲルの「社会福祉国家」構想は、このような主張に論拠を与えることができるのである。これがヘーゲル政治哲学第一の現代的意義である。

《ノート6：ある新自由主義者の懺悔》

ヘーゲルが「未来の国」と名付けたアメリカは、自分の都合に合わせて、ヨーロッパの国家理念の一部しか継承しなかった。継承したのは自由権だけで、社会福祉国家の基礎になる社会権も、共有財に対する権利も継承しなかった。自由権と社会権の両立を図るところに成立するのがヘーゲルの社会福祉国家構想であったが、極端なことを言えば、アメリカは初めからそういうことに頓着する必要がなかったのである。「自由であること」を徹底することがアメリカの謂わば国是となった。現代アメリカの経済政策の根本にある「新自由主義」は、こうした歴史的背景から現れ出たものである。現代のグローバル化とは、新自由主義というアメリカの国家理念の世界化に他ならない。また、アメリカはその「完全志向性」に従って、自分たちの理念の実現を目指すのだと言うこともできるだろう。

世紀を挟む時期に、新自由主義者として颯爽とデビューしたのは中谷巌であった。その中谷が『資本主義はなぜ自壊したのか――「日本」再生への提言――』（集英社、二〇〇八年、以下では『自壊』と略記する）という「懺悔の書」を書いた。中谷自身が「まえがき」でこの自著を「懺悔の書」と語っている。中谷は小渕内閣のときに首相諮問機関としてつくられた「経済戦略会議」の議長代理を務め、小泉内閣で実行されることになる構造改革の下書きを描いた人である。中谷は小渕内閣では重用されたようであるが、小泉内閣では直接政策に関与したわけではなかった。とはいえ、彼と同じ考え方をもつ経済学者達が彼の後を引き継ぎ、小泉構造改革路線を実行していった。したがって、彼は新自由主義に基づく構造改革路線における経済理論上の黒幕と見なされてきた。このことは誰しもが認めるところであろう。そのような人である中谷が、自分の推進してきた「構造改革路線」が間違っていたと懺悔したのである。だから、多くの人がびっくりした。

「懺悔」とは優れてキリスト教的言葉である。絶対者である神を前に心を開き、それまでの自分の罪を告白し心を改めること、つまり「悔い改める」ことである。絶対的存在をもたない私たちにとって、この言葉は決して馴染みのあるものではない。それなのに、あえてこの言葉を使うところに中谷の並々ならぬ決意を感じることができる。中谷は自分が提唱し実行した「構造改革路線」が当初の期待を裏切って、格差を拡大させるなど社会を崩壊の危機に曝してしまったことを悔いたのである。もちろん、構造改革路線はやみくもに採用されたわけではない。この路線は、簡単に言えば「自由な市場」、「完全に自由な経済活動」こそが人々を豊かにし、人々に幸福をもたらすと考える「新自由主義」とよばれる経済理論に基づいた政策であった。この懺悔の書の帯には「リーマン・ショック、格差社会、無差別殺人、医療の崩壊、食品偽装。

すべての元凶は市場原理だった」と書かれている。新自由主義は自由な市場の全世界への拡大をめざすから、「グローバル資本主義」と呼ばれる。また、新自由主義は既存の制度を根こそぎ破壊することへ導くことから、中谷はこれを「モンスター」と呼んでもいる。彼の懺悔は、外に現れたものである「構造改革」ばかりでなく、もちろんその根本にある「新自由主義」にまで及んでいる。彼によると自分の「悔い改め」はまだ十分ではないかもしれないが、「構造改革路線」の想像を絶する社会破壊を前にして、いても立ってもおられず筆を執ったのだという。

中谷は『自壊』のなかでアメリカ留学以来一貫して新自由主義に傾倒していたと語っている。だがインターネットなどを見ると、アメリカ留学から帰国後すぐさま新自由主義を声高に唱えたのではないようである。彼は帰国後、まずは日産労組塩路体制をモデルにしつつ「労使関係論」のパイオニアとして登場したらしい。彼はそこから新自由主義へと改心し、さらにこのたびその否定へと改心したということである。だから、それが真実であるとすれば、彼はこれまで二度転向したということになる。だが、こんなことはさほど重要なことではない。現在もっとも重要なのは、新自由主義を基本に置いた構造改革路線が間違っていたということを、こともあろうにその政策の中心にいた人物が懺悔したという事実である。日本国民の多くは、自分たちが歓声をもって立ち上げた小泉改革が、決して自分たちが望んでいたものをもたらさなかったばかりでなく、自分たちの大事にしてきたものを破壊したのではないかと気づき始めていた。この国民感覚に、中谷の懺悔は認証印を押したのである。

だが、中谷自身が『自壊』の最後で語っているように、「グローバル資本主義というモンスターは、依然として解き放たれたままであり」（『自壊』、三六七頁）、いつでも復活する可能性をもっている。彼は、いまこそその復活を抑制するための「檻（制度）」（同上）を作る好機であると考えている。私もそう思う。しかし、そのためには若干であるが、中谷懺悔録をより善きものに設え直しておく必要があろう。この設え直しに、これまで議論してきたヘーゲルの社会福祉国家構想が、一つの方向性を与えるものと考える。つまり、ヘーゲルの社会福祉国家構想は、新自由主義を閉じ込める「檻」となりうると考える。

だが私は『自壊』には補填しなければならない部分があると考えている。私が補填すべきと想定しているのは、主として二つの論点である。その第一の論点は、ヨーロッパ文化の理解に関することである。この問題については、ギリシア以来のヨーロッパ哲学を総括した人と言われてきたドイツ観念論最後の哲学者ヘーゲルの考え方を参照しながら、『自壊』の提案の正しさをヨーロッパ文化全体のなかに位置づけ、それによってその正しさをより強固なものへと補強できると考えている。本文で述べたことを再録すれば、ヨーロッパがその歴史において人間の価値として見出したのは「自由」と「平等」であり、決して「自由」だけではなかったということである。ヨーロッパの息子であるアメリカは、息子でありながら親であるヨーロッパから学び引き継いだのは、自分たちに都合のいい「自由」だけであり、「平等」は都合が悪いので、気に入らないからと捨ててしまった。私はこうした自由だけでなく平等も同様に評価する観点を、ヘーゲル哲学から導きだしうると考えている。すでに述べたように、ヘーゲル哲学そのものがこれら二つの価値を国家において同時に実現しようとする努力でもあったのである。また、これら二つの価値を総合しようとするぎりぎりの努力が、悪名高いヘーゲルの国家論を導いたのではないかとも示唆しておいた。

新自由主義には新自由主義の「人間観」や「自然観」がある。その人間観は、簡単に言えば次のようなものである。つまり、すべての人間は、いつでもどこでも自分の欲望を最大化するために、利己的に（自由に）活動する独立した個人（このような他者と切り離された個人はアトムと呼ばれる）であり、そうであるから自己利益の実現を目指して市場で自由に他者と競争する存在である。そして、自由な競争は勝者と敗者を生み出すことになるが、どのような結果になろうと自由な競争の結果であるから、それは自己責任であるとされる。このように新自由主義においては、人間は徹底的にホモ・エコノミクス（経済人）として捉えられている。こうした人間観に私は異議を唱えたい。本文で人間のもつ宗教的側面についても触れてきたが、人間は決してホモ・エコノミクスと一言で片づけられる単純な存在ではなく、もっともっと多様で複雑な存在である。

本文の主張から少し横道に逸れることになるが、新自由主義の「自然観」に言及しておきたい。中谷によると新自由主義のみならず、西洋の自然についての考え方の根本には、「自然は征服するものと考える一神教思想」（同上、二一六頁）がある。彼はこのように自然を人間によって征服されるものとして捉える自然観に、「日本人の自然観」を対置する。そして彼は、その「自然観」を中核として含む日本文化のなかに地球環境問題解決の「鍵」があると主張する。だから彼の主張は、現代において失われつつある古代からの日本人の自然観をふたたび取り戻すことが、地球環境問題解決の糸口になると読める。私はこうした考え方を全面否定するものではないが、若干の違和感を覚える。なるほど、地球環境問題は一八世紀に始まった資本主義の極点である新自由主義のもとで、もっとも悲惨な結果をもたらすであろうということは理解できる。しかし、地球環境問題を解決することが、直接「日本人の自然観再興」と結び付けられていいものかどうか問題であるように思われる。この点こそ私が補填項目として挙げたい第二の論点である。というのも、日本的自然観は人間と自然を二元対立的に捉えるのではなく、両者を一元的に捉えるところに特徴があるが、そのような自然観はヨーロッパにもある。例えばクラウス・マイヤー＝アービッヒの自然観(21)も人間を自然の一部と考える一元論的自然観である。この自然観はドイツ社会民主党の政策綱領の中にも取り入れられている。しかしながら、こうした自然観はドイツロマン派の自然観でもあることを忘れてはならない。つまり、日本的自然観も、ドイツロマン派の自然観も一昔前の両国のファシズムの礎になったことを忘れてはならないだろう。征服史観をもつヨーロッパの自然観が地球環境問題の元凶であるからと言って、すぐさま日本的な自然観に救いを求めるような懺悔には問題があるのではないかと言いたいのである。これが第二の補填事項である。

2節　[ヘーゲル政治哲学の現代的意義②]

ヘーゲル政治哲学の現代的意義②は現代的意義①に、社会構造上の論拠を与えるという意味で①と連動している。ヘーゲルの目指す国家像は、身体と身体の各部位が「有機的に」連結され、全体と部分が調和的に結びついている社会構造をモデルにしていた。ヘーゲル政治哲学の現代的意義②のキーワードは、国家の「有機的」構造である。ジープはSiep2の第六テーゼで、この構造を次のように纏めている。

「この国家は《有機的》秩序であり、こうした秩序において諸体制（ヘーゲル的に言えば、人倫の諸形式）はその固有の論理に従って発展しなければならない（現代的に言えば、独立しなければならない）。ヘーゲルにとって社会の組織や三権分立は有機的（合理的中央集権主義に対して）であり、こうした組織や分立において各体制（市場ですら）、各グループ、各個人は自己を自立的に発展させ、またそれにも拘わらず共同事業のために相互に援助しあわなければならない。[22]」(Siep5. S.17f.)

この第六テーゼは第十テーゼの3. で「ヘーゲルの精神哲学がもつ《有機的》エレメント、すなわち社会組織が持つ内的論理と自立性への洞察と国法上の連邦制への傾向」と書き換えられる。我々がここに見て取ることができるのは、社会組織の自立化とそれの統合という、すなわち「拡散」と「収斂」という二つのベクトルが調和的に成立しているあり方が、「有機的」構造であるということである。まさしくこうした社会構造が「社会福祉国家」構想に構造的基盤を与えるのである。我々が常に忘れてはならないのは、例えば「収斂」としてジープが第五テーゼで語っているような、「緊急事態においては、国民は国家維持のために所有と生命を犠牲にすることも求められる」（同上）作用が、拡散作用には同伴していることである。勿論、我々はヘーゲルのような仕方での統合作用をそのまま認めることはできないのであるが。

以上の論述からも理解できることであるが、収斂と統合のなかにあって、各部分が「分肢」（Glied）として自由に存在しているあり方が「有機的」構造なのである。ヘーゲルはもちろんこのような社会構造を「自立的個別国家」、Siep5 の言葉を借りれば「統一的単一民族国家」のうちで考えていた。このことは疑いようがない。しかし、ジープはこの構造がヨーロッパがその歴史において発展させてきた「ヨーロッパ的自由という理念」の一つの重要な帰結であると考え、なんとこの構造をEUという国家連合形態のモデルとして提案するのである。

「分肢としての諸部分、すなわち家族からコミューンを経て市民社会の有機的組織（ヘーゲルの「コルポラツィオーン」）までの諸部分が自立することこそ、国家目的でなければならない。しかし、分肢としての諸部分はまた同時に、全体としての国家の活動として寄与しなければならない。」（Siep4. S.19）

と、全体と個の有機的構造をクリアにした後で、

「そうした有機的自由という理念はおそらく、全体として主権的な個別国家の「水準」以下にとどまっているヨーロッパの連合においても実現されうるであろう。[23]」（同上）

と続けている。もちろん、ＥＵがヘーゲルの要求する「自立的個別国家」として備えているべき国家体制、例えば共同の立法や行政、そしてとりわけ神聖ローマ帝国には全く欠けていた共同の対外政策や安全保障政策などに思いを巡らすとき、まだそれらが不十分であるが故に、ＥＵはまだ主権国家たりえないかもしれない。しかし、各国の自由を保証しながら一歩一歩統合を進めているＥＵの歩みには大きな期待を抱くことができる。ヘーゲルの提唱した「有機的自由」は、ヘーゲルが考えた「自立的個別国家」ではなく、二一世紀の大ヨーロッパ構想に基盤を与える力をもっているのではないだろうか。これがヘーゲル政治哲学の現代的意義の②として主張したい点である。

ＥＵは明らかに、Ｕｎｉｏｎというその名の示すとおり、統合を目指している。それは明らかにカントの国家連合構想を超え出ている。ＥＵの目指す統合は、かつての神聖ローマ帝国に欠如していたものとしてヘーゲルが掲げていたもの、すなわち「共通の法秩序」、「外国に対する共通の防御体制」、「自立的な国家財政」ではないのか。ヘーゲルにとっては、これらを兼備していることが「自立的個別国家の品格」であった。ＥＵが個別国家の自立を尊重しながらも、上のような統合を推し進めていくとすれば、それは「拡散」と「収斂」が調和的に存在する有機的構造をもった統一国家ということになろう。そのような統一国家に論理的基盤を与えるのは、カントというよりむしろヘーゲルに求められるべきではないのだろうか。

註

（1）この第3部の一部分は（『政治哲学』第8号、政治哲学研究会、二〇〇九年）に掲載された論文であるが、採録に際して大幅に加筆・補正した。

（2）以下の文章については、『みすず』第46巻9号（みすず書房、二〇〇四年一〇月）に掲載されたものを基本にし、大幅に削除および加筆したものである。

なお、一つの国家内で（EUも一つの国家とみなすことができる）多様な宗教を認めることがいかに難しいことであるかを、M・ウォルツァーは次のように語っている。「さまざまな市民宗教がたがいを寛容にあつかうことができるのは、国際社会においてだけであって、単一の国内体制においては不可能であるのはたしかだ」（マイケル・ウォルツァー『寛容について』大川正彦訳、みすず書房、二〇一〇年）。宗教的寛容に関して、国内と国外を分けて論じることは、きわめて現実的かつ具体的アプローチである。

（3）第3部の註（13）を参照されたい。

（4）この引用文の（　）は、ジープ自身によるものである。

（5）この講演のタイトルは、Mattias Lutz=Bachmann, „*Die Drohung von Gewalt und neuer militärischer Macht als Herausforderung des internationalen öffentlichen Rechts*“ である。この講演は二〇〇八年七月一五日に広島大学で行われた。日本語訳のタイトルは「軍事力による威嚇および予防的軍事力行使——国際公法に対する挑戦——」である。この翻訳は、桐原隆弘氏の訳で、二〇〇九年『ぷらくしす』通巻第10号（広島大学応用倫理学プロジェクト研究センター）に、原文とともに掲載された。原文一頁、訳九頁。

（6）テキストは、Kants Werke, Akademie-Textausgabe Band VIII, *Zum ewigen Frieden*, Walter de Gruyter & Co., 1968. 引用に当たっては、K.W. と略記する。翻訳は、次のものを使用した。『永遠平和のために』（宇都宮

芳明訳、岩波文庫、一九八五年、二〇〇五年）。引用に際しては、原典の頁数の後に翻訳の頁数を記した。

（7）ルッツ＝バッハマンの基本的カント政治哲学解釈は、「カントは平和の概念をもとに規範的政治哲学を構築した」ということである。彼は、『永遠平和のために』において、カントは政治が目指すべき方向性を規範的に指し示した、と解釈するのである。ルッツ＝バッハマン「カントの平和理念と世界共和国の法哲学的構想」、『カントと永遠平和、世界市民という理念について』（船場保之他訳、未来社、二〇〇六年）八一頁。

（8）この点についてルッツ＝バッハマンは以下のように述べている。「この（世界統一）国家は、人々が個人として法治国家を形成する（根源的契約）と自由な共和国の間で交わされる契約とのアナロジーから導出されえないのである。なぜなら、カントが国家法論において強調していた、個々の共和国が法治国家であるための中心的な制約、つまりその成員の自由を損なってはならないし、まして奪ってはならないという制約に、この国家は矛盾するからである」。ルッツ＝バッハマン、前掲書九八頁。

（9）第2部註（4）のように、『法の哲学綱要』からの引用に際しては、ズールカンプ版全集を使用し、PdRと略記し、その後ろに節番号を付した。但し、原テキストとしては以下のものを使用した。G.W.F.Hegel. *Grundlinien der Philosophie des Rechts oder Naturrecht und Staatswissenschaft im Grundrisse*, Berlin, Akademie Verlag, 1981. なぜなら、このテキストには、ヘルマン・クレナー（Hermann Klenner）によるかなり詳細な付録が付いていて、使い勝手がいいからである。

（10）ヘルベルト・シュネーデルバッハ（Herbert Schnädelbach）は、「対外主権」を論じるに当たって、このことをまず指摘している。Vgl. G.W.F.Hegel. *Grundlinien der Philosophie des Rechts*, hrsg.v.Ludwig Siep. Berlin, Akademie Verlag, 1997, S.261. 以下、これをSchnädelと略記する。

（11）この発展過程については、次の論文を参照されたい。Ludwig Siep. *Der Kampf um Anerkennung. ZuHegels*

Auseinandersetzung mit Hobbes in der Jenaer Schriften, in: Hegel-Studien Bd.9, hrsg.v.F Nicolin u. O.Pöggeler, Bouvier Verlag, Bonn, 1974.　この論文の翻訳は「政治哲学研究会」（石崎嘉彦代表）の雑誌『政治哲学』の4号（二〇〇六年）と5号（二〇〇七年）に掲載されている。ルートヴィヒ・ジープ「承認をめぐる闘争――イエナ期著作におけるヘーゲルのホッブズとの対決――（上・下）」（山内・裕・濱井・野村訳）。

（12）　ここでヘーゲルは注意深く将来を見通すかのように（例えば、トルコのEUへの加盟問題）、異なる宗教国同士では国家間承認を越えた別次元の対立が起こりうることを指摘している。「（ユダヤ民族、イスラム民族の場合のような：これはヘーゲルにより付加されたものである）宗教的観点は、承認に属している普遍的同一性（国家としての同一性）を許さない、より高次の対立を含みうるのである」（PdR., 三三一節）とヘーゲルは語っている。

（13）　Ludwig Siep, *Hegel und Europa*, Verlag Ferdinand Schöningh, Paderborn, 2003, S.17.　以下では、この著作をSiep4と略記する。この翻訳は拙訳で『みすず』第46巻第9号、みすず書房、二〇〇四年一〇月に「ヘーゲルとヨーロッパ」として掲載された。訳五六頁。

（14）　Vgl., Siep4, S.16f.　訳五六頁。

（15）　Schnädel, S.263.

（16）　Vgl., Siep4, S.14f.　訳五四頁。

（17）　Vgl., Siep4, S.16. 訳五五頁。

（18）　*Vermittlung und Versöhnung, Die Aktualität von Hegels Denken für ein zusammenwachsendes Europa*, hrsg. v.Michael Quante, Erzsébet Rózsa, Münster, 2001.

（19）　*Die Bedeutung Europas für Hegel und der hegelschen Philosophie für Europa, Zehn Thesen*, Ludwig Siep. Siep5と略記する。

（20）　拙著『環境の倫理学』（丸善出版、二〇〇三年）一四七頁。この引用文は上記の拙著からの引用であるが、その論述は二〇〇二年三月の中国新聞社におけるインタビューに基づいている。このインタビュー記事は、二〇〇二年四月一日の中国新聞朝刊に掲載された。

（21）　Klaus Michael Meier=Abich, *Wege zum Frieden mit der Natur*, Carl Hanser Verlag, München Wien, 1984. 翻訳は以下の通りである。クラウス・ミヒャエル・マイヤー＝アービッヒ、『自然との和解への道』（上下）、（拙訳、みすず書房、二〇〇五／〇六年）。

（22）　引用文中の括弧はジープによるものである。

（23）　註（13）の拙訳に、若干修正を加えた。

おわりに

これまでのまとめ

我々は現代を近代の現在と考え、西洋近代哲学における巨人、ヘーゲルの哲学を援用しながら、我々人類がいま立っていると思われる「私たちの居場所」を探してきた。その際、ヘーゲルが近代最大の事件の一つであるフランス革命をどのように理解し、どのように評価したかを考察した。そして、その理解と評価の仕方が、ヘーゲルにおける「国家と宗教」の関係のあり方を決定したことを明らかにした。この論究の結論は、おおよそ第2部の最後で取りまとめられている。その結論をここでもう一度論じる必要はないが、ごく簡単にまとめると次のようになるだろう。

ヘーゲル政治哲学の最大の功績は、ジープの言を俟つまでもなく、「国家と宗教の分離の正当性」を哲学的に基礎付けたことである。ヨーロッパ近現代の歴史は、この分離の方向で発展してきた。その成果を我々はEUの組織原理の中に見ることができる。しかし、現代世界には、国家と宗教は一つであるべきだと考える原理主義が厳然と存在している。さらには一つの価値しか認めないさまざまな種類の原理主義が存在している。こうした原理主義が現代世界の不安定要因になっている。こうした不安定な状態こそ、まさしく現在の「私たちの居場所」である。

ところで、我々人類は、自分の中にある観念や理想を実現しようとする性向を本質的にもっている。ヘーゲルはこれを「完全志向性」と名付け、「汝自身を知れ」の属性とする。つまり、人間の本質とする。だから、人間は自己実現を図ろうとして、対立し、ぶつかりあう。ヘーゲルはその闘いの調停者を歴史の内に求めたが、「核兵器」という極限の裁きの杖をもってしまった現在、もはやそのような歴史観は全く維持できないであろう。我々はもはやいかなる国も特殊意志にすぎない自国の意志を、普遍的なものとして振りかざすべきではない状況の中にいる。この状況とて「私たちの居場所」と、言っていいだろう（第3部第3章2節(iii)）。

本書では、不安定極まりない現在の「私たちの居場所」から私たちが進み出るべき方向の一つが、EUとして結実する国家統合の運動の中に求められることを示唆した。その方向は近代市民革命以来継続している「世界の民主主義化」の運動の中に位置づけられるであろう。私は「世界の民主主義化」こそ、人類がこれから進むべき道であると考えている。しかし、我々はすでにこの方向とて、我々が抱えている現在的な諸問題を解決するには必ずしも最善のものではないことを知ってもいる。先述したこと（第1部第2章2節、3節および第2部第3章4節）であるが、ヘーゲルによるルソーの「一般意志」批判は、現代的な仕方で言えば、次のような問題を含意している。つまり、民主的決定は多数者の賛成で決定されるべきであり、民主主義自身がそのような決定を善きものとして前提にしている。しかし、民主主義の原理は確かにそうであるとしても、まさにそうであるからこそ、多数者は「いまここで生きている」自分たちに都合の悪い決定をなしうるであろうか。例えば、現在世代は未来世代の環境保持のために、自分たちに都合の悪い「不自由な生活」を自らを犠牲にしてまで選択しうるであろうか。ヘーゲルは、ルソーの一般意志では（つまり、無限の利益追求を承認された市民社会の市民の総意においては）そうした犠牲的選択は不可能であると見抜いて、市民社会の国家への止揚を説いた。実は現在でもなお、ルソーの一般意志は「否定性」を欠いているというヘーゲルの批判は有効性をもっている。つまり、現代人はその選択において、自己否定的に「自分たちに都合の悪いこと」を選択することができないでいる。それが気候変動枠組条約締約国会議（ＣＯＰ）の議論の端々に、そしてアメリカや中国の会議への不参加として如実に現れている。もし我々がそうした選択ができなければ、現在の諸問題を克服することは不可能であると、私は考える。ヘーゲルがルソーに突き付けた問いは、現代的に言えば、こういうことになろう。したがって、民主主義は自らのうちに、自らを否定する原理をもたなければならない。我が国の応用倫理学研究の先達である加藤尚武氏は、この方向を「民主主義の成熟」と呼んでおられる。我々はすでにこの「民主主義の成熟」を突きつけられているのである。あるいは、ヘーゲル以来我々はこの問いを突き付けられ続けていると言ってもいいかもしれない。たとえ、ヘーゲル自身の解決法が、「個別」に対する「全体」の優位という、「民主主義」においては受け入れ難い方法であったとしても。また、その想定が国民国家の範囲を超えていないとしても。

だが、一口に「未来世代のために現在の幸福を否定する」としても、そして最近の問題で言えば「原発を未来世代のために否定する」としても、その「否定すること」を善きものとする究極の根拠はどこにあるのだろうか。我々は第2部第1章で、ベッケンフェルデがその道徳的根拠を宗教に求め、ジープがヘーゲルにならって、宗教にも求めはするが、それよりも哲学に、つまり理性知に、より強い根拠を求めたことを語った。また、《ノート4》では、ルソーが理性ばかりでなく、カトリックに代わる「市民宗教」にもその根拠を求めたことを語った。ある報告によると、パリのコミューンも一七九三年にルソー像建設を議論した際、フランス革命の「非キリスト教化運動」は決して「無神論的性格」をもってはいないことを表明していた（前掲『フランス革命の研究』三七八頁参照）。つまり、宗教の「有用性」を認めていた。このように「民主主義の成熟」が否定の根拠を見出すことと関係するとすれば、我々は決して宗教を簡単に破棄するのではなく、やはりヘーゲル流の国家と宗教の「分離と共同」という微妙な立ち位置を、人間の歴史的智慧として継承していく必要があるのではないか、と考えている。

最後に、ヘーゲルの悪名高き国家像について。我々はこれまでこの国家像を受容不可能なものとして論じてきた。しかし、この悪名高き国家像とて、ヨーロッパが本来もっている「自由」と「平等」というベクトルの異なる国家理念を同時に実現しようというヘーゲルのギリギリの努力の結果でもあると、我々は解釈した。そしてその観点から、「平等」を軽んじ、「自由」だけを絶対的価値として立てる現代のグローバリゼーションに異を唱えた。自由と平等が同時に実現されているような「民主主義社会」の実現が現代世界の一つの目標であるとしても、ヘーゲルのような「個人の権利」を縮小し、「平等」を蔑ろにする「努力」は継承すべきではないだろう。しかし、「自由」と「平等」を両立させることの「努力」自体は継続されなければならないのではないだろうか。この点では、ヘーゲルのギリギリの努力は評価されなければならない。われわれ現代人がこの「努力」を放擲するならば、世界はグローバリゼーション（新自由主義）という怪獣に支配されることになろう。こうした状況の中に「私たちの居場所」はある。

これからへ

さて、最後にこれからの私の課題について触れさせていただきたい。私は「はじめに」において、三つの「一体、いま私たちはどこにいるのだろうか」という問いを提出していた。不十分とはいえ、いまやっと、「人類としての私たちの居場所」を論じ終えたにすぎない。他方、第二の問いとして「日本人としての私たちの居場所」があった。これについては、近年我々が行ってきた韓国や中国との具体的交流を通して私が感じていることを手掛かりに考えてみたい。例えば、私は竹島問題で騒然としている二〇一二年一〇月に、韓国のある大学で「三・一一後を考える」というタイトルで講演し、その後質疑応答を行った。私はその講演で、日本の原発事故を受けて、ドイツは再度脱原発政策に戻ったことを報告した。その講演に対してある韓国人学生が次のような質問をした。「ドイツが脱原発政策を採用しているのに対し、それを日本ができないのは戦争についての反省が足りないからではないか」と。私は曖昧にしか答えなかったが、こうした問いでも簡単に無意味なものとして破棄するのではなく、真剣に対応しなければならないと、私は考えている。また、中国に関しては、近年中国政府のシンクタンクである中国社会科学院哲学研究所と数回の「日中哲学フォーラム」を行った。これらの行事の中で議論されたこと、例えば「東アジア共同体」のことなどについてよく思いを巡らすことがある。こうした経験を通して私はこれらの国から、いま日本はいわば「さらなる返還請求」を迫られているのではないかと考えている。もちろん、これらの国とは法的整理は着いている。しかし、まだ感情的な部分での整理は着いていないのではなかろうか。その証拠として、これらの国がこの感情的未整理部分を利用して政治的攻勢を仕掛けている現状を挙げることができるだろう。いずれにしても、この感情的整理については手間と時間がかかることを覚悟しなければならない。

右の現状分析から、我々は自ずとかの国々が日本に返還請求しうる権利の源である第二次世界大戦へ連れ戻される。我々は大戦後深い反省と共に世界に冠たる「平和国家」を築いてきた。それは我々の誇りでもある。しかし、中国や韓国からの感情的反発を通して感じるのは、もう一度我々は先の大戦に至る過程と大戦を遂行するための精神的構造などに思いを巡らす必要があるのではないだろうか、ということである。やはり、我々はこの大戦についての真摯な哲学的考察なしには、「日本人としての私たちの居場所」を明らかにすることはできないであろう。

「日本人としての私たちの居場所」を明らかにするために、私は西晋一郎（広島文理科大学教授）の哲学を取り上げたいと考えている。西は戦前の日本において西田幾多郎（京都帝国大学教授）と並び称せられた哲学者であった。しかし、西田哲学の研究が戦後も一貫して続けられているのに対し、西田と戦前の日本哲学の双璧をなした西哲学がなぜ消え去ってしまい、その哲学についての議論がほとんどなされないのか。それは明らかに両者の戦争への関与の程度に関わっている。西田は関与の程度が薄く、西は濃かった。西はより実践的であり、教育に深くかかわったが故に、西田に比べて濃かった。それにしても、中江藤樹のごとき人格者であった西晋一郎が、何故に戦争に深くかかわることになる国体思想推進の駆動者となったのか。また、その哲学はいかなるものなのか。現在私は、これらのことを解明することによって、「日本人としての私たちの居場所」の一端を明らかにすることができるし、むしろ明らかにしなければならないと考えている。

もっともやっかいなのは、第三の問いである「団塊世代としての私（たち）の立ち位置」を論じることであろう。なぜなら、直接自分に関わってくるから。しかし、このことについてここで「慷慨」だけを述べておきたい。

私たちの世代の教養は、日本人としては埴谷雄高、吉本隆明、高橋和己などから作られている（この人たちはいまでは完全に色褪せてしまっている）。外国人としては、サルトル、マルクス、ドストエフスキィなどが挙げられるだろう。いまでは、吉本ばななは知っていても、隆明を知る人は少ないのではないだろうか。しかし、私たちは彼の難解な『共同幻想論』を分からないなりに読み通し、そこから彼の難解な哲学の源泉たる、みずみずしい詩の世界に迷い込んだものであった。ある人は「固有詩との対話」が好きだと言う。私は「エリアンの手記と詩」が殊の外好きで、書き写して持ち歩いていた。吉本のどの詩が好きであるかによって、一人ひとりの微妙な世界観の違いが垣間見えるようであった。もう一方で、私たちの世代のほとんどが高橋和己にのめり込んだ。そのペシミスチックな基調音が、世代の基調音と共鳴していた。私たちの世代は、『憂鬱なる党派』や『邪宗門』などほとんどの長編を苦も無く読んでいた。そのなかで私が好きだったのは、晩年の『黄昏の橋』。これは三田誠広の『僕って何』に先行する青春小説である。『黄昏の橋』のなかで主人公が書く恋文はずいぶん参考にさせてもらったが、特に好きだったのは、兵器製造工場に雪崩を打って襲い掛かるデモ隊の生き生きとした描写であった。私たちにとって小説とは感性を刺激し、心を奮い立たせ、自己変革と社会変革とへ導くものでなければならなかった。

しばらくして、庄野潤三の『屋根』を読んだ。庄野は戦後派に続く第三の新人と言われる人たちの一人。第三の新人には、他に安岡章太郎、遠藤周作などがいる。この人たちは戦後派とは違う。テーマの深刻さにも拘わらず、なにかしら明るさと軽さがある。庄野の『プールサイド小景』などそうだ。その後に書かれた庄野の小説に牛飼いの日常を淡々と描いた、おもしろくもなんともない小説がある。これが『屋根』である。当時、私はこれを小説としては認めていなかった。日々の牛飼いの暮らしをドキュメント映画のように写し取っていくだけの小説。くだらないと思っていた。でも、定年を前にした私はこの小説のもつ深い意味が分かるような気がした。誰が死のうが、何が起ころうが、何も変わりはしない。何があろうと、私たちには日々の暮らしが訪れる。厳然と存在しているこの現実。この現実こそ「いま僕たち」が真正面から向かい合わなければならない世界ではないか。

『黄昏の橋』を好む私、『屋根』を認めない私。『黄昏の橋』を遠ざける私、『屋根』のすごさをやっと認識した私。青年の私と老年の私。この二つの私の断絶を明瞭にするならば、「いま私たちが立っているところ」を指し示すことができるのではないか、と私は考えている。あるいは、次のように言えるかもしれない。つまり、青年時代、私たちは社会の在り方を変えること（否定）によって、人間のあらゆる問題を解決できると考えていたが、果たしてそうなのか。そうではないのではないか。もし、解決できないとするなら、どういう問題が解決されずに残っているのか。もっと率直に言おう。私たちは何が起ころうが何も変わりはしない現実を知った。君が死のうが、僕が死のうが、現実は何もなかったかのように続いていく。こうした現実を受け容れ（肯定）、こうした現実と「和解」することが、いま団塊の世代に求められているように思われてならない。私はこういうことを団塊世代としての私たちの居場所として、ただ漠然と考えている。

あとがき

本文で述べてきたように、本書は私の発した個人的な三つの問いの一つについて述べたものである。三つの問いとは、「一体、いま私たち人類はどこにいるのだろうか」、「一体、いま私たち日本人はどこにいるのだろうか」、「一体、いま私たち団塊世代はどこにいるのだろうか」であり、本書は最初の問いである「人類はどこにいるのだろうか」について、極めて個人的な視点に基づいて解明を試みたものである。その際、「現代は近代の現在である」という時間軸を設定した。そして、レオ・シュトラウスの近代理解を導きとしつつ、フランス革命についてのヘーゲルの解釈を基に、人類が現在立っていると思われる場所を考察した。その意味で本書は、少し曖昧な表現ではあるが、「フランス革命のあとさき」を論じたものであると言ってもいいかもしれない。いずれにせよ、この個人的な視点に基づく試みが、どれほどの普遍性を有しているのかを読者の皆様に問うてみたい。

ところで、広島大学定年後、現在私は安田女子大学心理学部教授として働いている。だが、定年後私はこれまで書いてきた学術的な哲学論文ではなく、哲学的エッセイを書こうと決心した。なぜなら、学術論文は特定の研究者しか読めないが、哲学的エッセイなら多くの一般人も読めると考えたからである。本書でもそれを試みたわけであるが、果たしてその試みが成功しているかどうか。テキストを引用し、その解釈を論じるとなるとやはり学術論文となり、難しくなる。しかも、長年の内に身に付いた錆はなかなか落とせない。したがって、本書は論文とエッセイの鈍い色をしたカクテルになっているかもしれない。それを恐れるが、これからもこの試みを、第二、第三の問いについても続けていきたいと考えている。

最後に、上述の私の拙い試みに理解を示していただき、出版状況の厳しいなか、全面的に出版を引き受けてくださった晃洋書房編集部の井上芳郎氏に感謝の意を表したい。その優しいお人柄と、緻密かつ丁寧なお仕事を私は心より敬愛している。

二〇一七年八月六日

安芸の宮島対岸にある廿日市市の寓居にて

山内廣隆

《著者紹介》

山 内 廣 隆（やまうち　ひろたか）

1949年　鹿児島市生まれ
1982年　広島大学大学院文学研究科博士課程後期西洋哲学専攻単位取得退学．博士（文学）．広島大学文学部助教授，ミュンスター大学客員研究員を経て，広島大学大学院文学研究科教授
現　在　広島大学名誉教授
安田女子大学心理学部教授

主要業績

（著書）
『人間論の21世紀的課題』（編著，ナカニシヤ出版，1997年）
『知の21世紀的課題』（編著，ナカニシヤ出版，2001年）
『環境の倫理学』（単著，丸善，2003年）
『ヘーゲル哲学体系への胎動――フィヒテからヘーゲルへ――』（単著，ナカニシヤ出版，2003年）
『環境倫理の新展開』（共著，ナカニシヤ出版，2007年）
『昭和天皇をポツダム宣言受諾に導いた哲学者――西晋一郎，昭和十八年の御進講とその周辺――』（単著，ナカニシヤ出版，2017年）
（翻訳書）
ルートヴィヒ・ジープ『ヘーゲルのフィヒテ批判と1804年の「知識学」』（単訳，ナカニシヤ出版，2001年）
マイヤー＝アービッヒ『自然との和解への道（上・下）』（単訳，みすず書房，2005/06年）
ルートヴィヒ・ジープ『ジープ応用倫理学』（編訳，丸善，2007年）
（論文）
「イエナ期ヘーゲルの主観性の形而上学」（日本哲学会『哲学』No.33，法政大学出版会，1983年）
「『差異論文』におけるヘーゲルのフィヒテ批判」（広島哲学会『哲学』第46集，1994年）
「1801年のフィヒテとシェリング」（『広島大学文学部紀要』第57巻，1997年）
「ヘーゲルのフィヒテ批判と受容」（『ヘーゲル學報』第４号，京都ヘーゲル讀書会，1999年）
「フィヒテと現代」（東北哲学会『東北哲学会年報』No.22，2006年）
「和解のために――東アジア共同体とヨーロッパ連合――」（『ぷらくしす』通巻第11号，広島大学応用倫理学プロジェクト研究センター，2010年）
「3.11後を考える」（『政治哲学』第11号，政治哲学研究会，2012年）
「ヘーゲルにおける国家と宗教」（『日本カント研究』No.14，日本カント協会，2013年）
「イエナ―ヘーゲル哲学の揺りかご」（『ヘーゲル哲学研究』vol.19，日本ヘーゲル学会，2013年）
「西晋一郎における君主と恩赦――ヘーゲルと比較して――」（『ぷらくしす』通巻第18号，広島大学応用倫理学プロジェクト研究センター，2017年）
「二つの君主論――西晋一郎とヘーゲル――」（『政治哲学』第22号，政治哲学研究会，2017年）

ヘーゲルから考える私たちの居場所

2014年11月10日　初版第1刷発行
2017年12月5日　初版第2刷発行

＊定価はカバーに表示してあります

著者の了解により検印省略

著　者　山内廣隆 ©
発行者　植田　実
印刷者　西井幾雄

発行所　株式会社　晃洋書房
〒615-0026　京都市右京区西院北矢掛町7番地
電　話　075(312)0788番㈹
振替口座　01040-6-32280

ISBN978-4-7710-2581-3　印刷・製本　㈱NPCコーポレーション